브리태니커
인포그래픽 백과
광활한 우주

기탄출판

머리말

우리 뇌가 세상을 인식하는 방식 중 약 70%를 차지하는 것이 바로 '시각'이라는 사실을 알고 있나요? 또는 익숙한 사물의 사진을 봤을 때 단 13,000분의 1초 만에 무엇인지 알아볼 수 있다는 사실을 알고 있나요? 이것은 눈을 깜빡이는 것보다 8배나 더 빠른 속도랍니다.

여러분도 알고 있겠지만 인간은 '시각'에 크게 의존합니다. 그래서 '인포그래픽'이 중요하지요. 인포그래픽은 그림을 이용하여 정보를 보여 주는 가장 효과적이고 멋진 방법입니다. 《브리태니커 인포그래픽 백과》에 수록된 200여 개의 인포그래픽은 방대한 양의 데이터들을 새롭게 시각화하여 나타낸 것입니다. 이런 인포그래픽들은 정보를 한눈에 파악하게 하며, 때로는 자기도 모르게 '와!' 하고 감탄을 터뜨리게 하기도 합니다.

인포그래픽은 주변에서도 쉽게 찾아볼 수 있습니다. 일반적으로 지도나 차트, 그래프, 타임라인 등이 있지요. 우주 과학자들은 외계 생명체와 소통할 수 있는 가장 간단하고 명확한 방법으로 '인포그래픽'을 선택했습니다. 명판에 새겨진 인포그래픽은 1972년, 목성 탐사선 '파이오니어 10호'에 실려 머나먼 우주로 보내졌습니다. 이 인포그래픽에는 지구에 대한 중요한 정보들과 함께 태양계 그림이 포함되어 있어, 만약 외계 생명체가 발견한다면 파이오니어 10호가 어디에서 왔는지 알 수 있을 것입니다. 하지만 아직까지 외계 생명체에게서 답이 오지는 않았지요….

자, 이제 인포그래픽의 세계를 탐험해 보세요!
여러분에게 이 훌륭한 인포그래픽들을 소개할 수 있어서 매우 행복합니다.

발렌티나 데필리포

앤드루 페티

콘래드 퀼티-하퍼

차례

모든 것의 연대표 ·· 6

우리는 우주 어디에 있을까? ·· 8

태양계에 오신 것을 환영합니다 ·· 10

지구는 왜 이리 특별할까? ·· 13

태양으로부터 지구를 보호해 주는 것은 무엇일까? ······················ 15

태양계 행성은 몇 개의 위성을 가지고 있을까? ··························· 16

달은 얼마나 멀리 떨어져 있을까? ··· 18

달의 위상 ··· 20

별 지도 그리기 ·· 23

식이란 무엇일까? ··· 24

나를 달로 보내 주오 ··· 26

우주로 나간 사람들 ·· 28

태양은 무엇인가? ··· 30

별이 탄생하는 요람 ·· 33

우주에서 가장 빠른 것 ·· 34

태양보다 훨씬 큰 별 ··· 37

우리는 별로 이루어졌다 ··· 38

블랙홀의 어마어마한 힘 ··· 40

외계에서 온 암석 ··· 42

엄청나게 큰 소행성 ·· 45

신기한 외계 행성 ··· 46

우주의 종말 ·· 48

이 책을 읽는 방법

인포그래픽은 그림을 이용해 정보를 보여 주는 좋은 방법이다. 이 책에 나오는 인포그래픽은 주로 데이터, 즉 수치를 바탕으로 한다. 데이터와 사실을 그림으로 바꾸면 '와!' 하고 놀랄 만큼 쉽게 정보를 이해하고 비교할 수 있다. 책을 읽기 전에 인포그래픽에 대해 알아두어야 할 중요한 사항을 몇 가지 살펴보자.

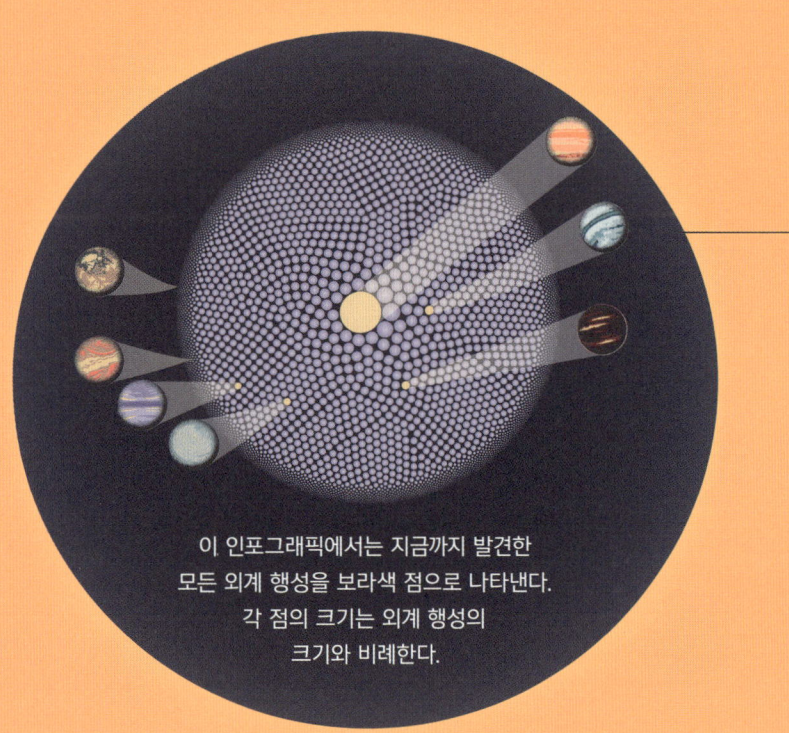

수와 측정

인포그래픽은 간단하게, 무엇이 얼마나 있는지를 나타낸다. 또한 그림에 (왼쪽 그림처럼) 개수뿐만 아니라 크기나 온도, 성분 등 많은 정보를 담을 수 있다.

이 인포그래픽에서는 지금까지 발견한 모든 외계 행성을 보라색 점으로 나타낸다. 각 점의 크기는 외계 행성의 크기와 비례한다.

측정값과 눈금

많은 인포그래픽은 높이, 무게, 길이, 속도, 시간, 비율 등의 측정값을 담고 있다. 위나 아래, 옆에 표시된 측정값과 그림에 있는 눈금을 잘 살펴보자. 모든 값에는 미터(m), 연도(년), 킬로미터(km), 퍼센트(%) 같은 측정 단위가 표시되어 있다.

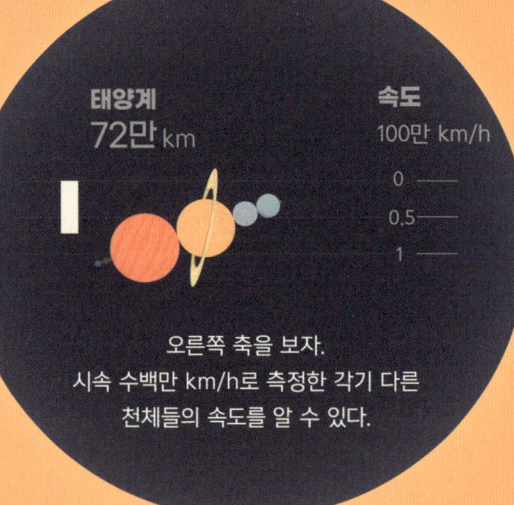

오른쪽 축을 보자. 시속 수백만 km/h로 측정한 각기 다른 천체들의 속도를 알 수 있다.

축척

어떤 인포그래픽에는 축척(지도에서 실제 거리를 줄인 정도)이 표시되어 있다. 즉 그림 속 거리나 크기가 실제 값이 아니라 현실에서 훨씬 더 큰 것을 임의로 줄여 나타낸 값이라는 의미이다.

색깔

인포그래픽에서 색깔은 중요한 부분이다. 인포그래픽의 색상별 예를 찾아보자. 서로 다른 색깔로 표현된 국가나 온도 등의 정보를 알 수 있다.

남성 우주 비행사는 노란색 헬멧으로 표시했고, 여성 우주 비행사는 빨간색 헬멧으로 표시했다.

두 개 이상의 항목을 직접적으로 비교할 때는 같은 색깔로 나타내어, 서로 다른 정보를 나란히 놓고 볼 수 있게 하거나 중요한 정보를 쉽게 가려내도록 했다.

천왕성 주위를 공전하는 위성들의 다양한 크기를 보자. 비교하기 쉽게 같은 색깔로 표시했다.

위치

인포그래픽에 표시된 자리는 위치나 시기 등에 관한 중요한 점을 알려 준다.

크리스 보슈이젠 2021년
호주인으로는 최초로 우주에 간 보슈이젠은 억만장자 제프 베조스의 우주 기업 블루 오리진의 로켓에 탑승했다.

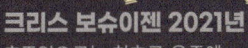

2010　　2015　　2020

이 인포그래픽은 2021년을 가리키고 있다 (맨 아래 선에 표시된 시기를 보자).

케레스
지름 939 km

 4 베스타
지름 525 km

 2 팔라스
지름 513 km

 10 히기에이아
지름 407 km

친숙한 대상과의 비교

행성이나 소행성의 크기를 가늠할 수 있을까? 인포그래픽은 우리에게 친숙한 것들을 사용해서, 이런 측정값을 비교하여 생각할 수 있도록 도와준다.

축척:
영국(남북 길이)
965 km

소행성들의 크기를 영국의 면적과 비교해 볼 수 있다.

몇몇 인포그래픽에는 **그림 보는 방법**이 설명되어 있다. 이런 설명이 나오면 먼저 읽어 보자.

이제 책 속으로 들어가 눈이 즐거운 모험을 시작해 보자. 완전히 새로운 시각으로 **광활한 우주**를 보고 이해할 수 있을 것이다.

모든 것의 연대표

별은 어디에서 왔을까? 우리는 어디에서 왔을까? 이 책은 어디에서 왔을까?
이론에 따르면 모든 것은 약 138억 년 전, 눈 깜짝할 사이에 만들어졌다. 시간과 공간, 우주의 모든 물질이 이때 생겨난 것이다. 도무지 믿기지 않는 이 사건을 '빅뱅'이라고 부른다.

빅뱅

빅뱅 이후에 무슨 일이 일어났을까?

과학자들은 빅뱅의 순간에 특이점이라고 하는 아주 작은 점 안에 모든 물질과 에너지가 들어차 있었다고 생각한다. 빅뱅 이후 우주가 식으면서 팽창하기 시작했다. 몇 분 만에 물질 입자들이 수소와 헬륨을 만들어 냈다. 그 원소들이 나중에 별을 만들어 냈고, 이것이 행성의 탄생으로 이어졌다. 천문학자들에 따르면 우주는 지금도 식으면서 팽창하고 있다.

우리는 우주 어디에 있을까?

우리가 살고 있는 지구는 어디에 있을까? 다음 몇 가지 우주 지도를 살펴보자.

첫 번째 지도는 태양계 안에서 지구의 위치를 보여 준다.

두 번째 지도는 시야를 넓혀 우리은하 안에서 태양계의 위치를 보여 준다.

세 번째 지도는 시야를 더 넓혀 관측 가능한 우주 안에서 우리은하의 위치를 보여 준다. 이것이 천문학자들이 지금껏 성능 좋은 망원경을 통해 볼 수 있었던 '알려진 우주'이다.

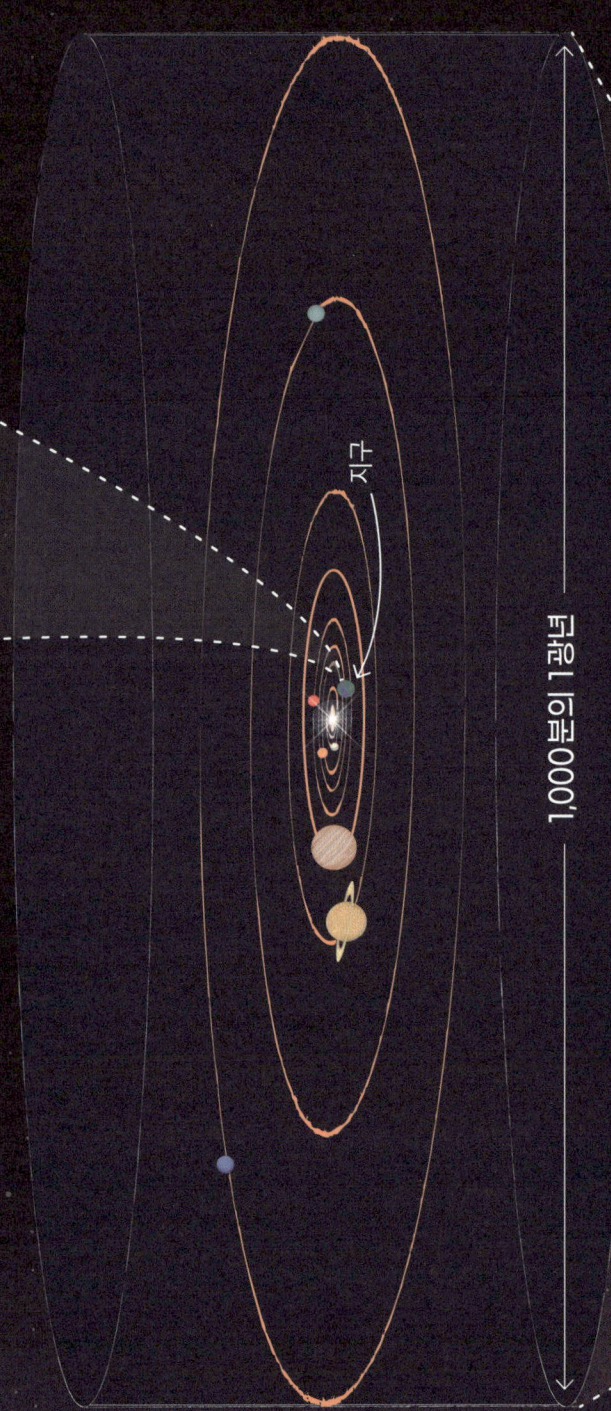

우리는 여기 있어!

지구

지구

1,000분의 1광년

태양계 안에서

태양계는 태양과 태양 주위를 도는 것들로 구성되어 있다. 여기에는 지구를 비롯한 여덟 개의 행성, 각 행성의 위성, 왜행성, 수많은 소행성, 혜성, 그리고 그 외 작은 얼음 알갱이들이 포함된다. 지구는 태양계의 세 번째 행성으로 태양으로부터 약 1억 5천만 킬로미터 떨어져 있다.

우리은하 안에서

은하는 우주를 떠도는 가스와 먼지 구름, 별들의 집합체이다. 우리은하에는 네 개의 나선팔이 있다. 태양계는 이 나선팔 중 한 곳에 위치해 있으며, 은하 중심을 축으로 2억 5천만 년에 한 바퀴씩 돈다.

100,000 광년

태양계

관측 가능한 우주 안에서

우리은하는 약 30개의 은하가 이웃처럼 모여 있는 국부은하군에 속해 있다. 우리은하와 가장 가까운 거대 은하를 안드로메다은하라고 부른다.

우리은하(은하수)

94,000,000,000 광년

태양계에 오신 것을 환영합니다

우리 주변의 우주를 태양계라고 부른다. 태양계 안의 모든 것들이 태양을 중심으로 돌기 때문이다.
태양계에는 여덟 개의 행성과 200개가 넘는 위성, 명왕성을 비롯한 다섯 개의 왜행성,
셀 수 없이 많은 혜성과 소행성, 그리고 거대한 먼지와 가스 구름이 있다.
태양계에서 태양 다음으로 가장 큰 천체는 행성이다.

모든 행성은 축을 중심으로 빙글빙글 돌아간다. 축은 행성의
중심을 관통하도록 그린 상상의 선을 말한다. 각 행성의 축은
회색 화살표로 나타냈다.

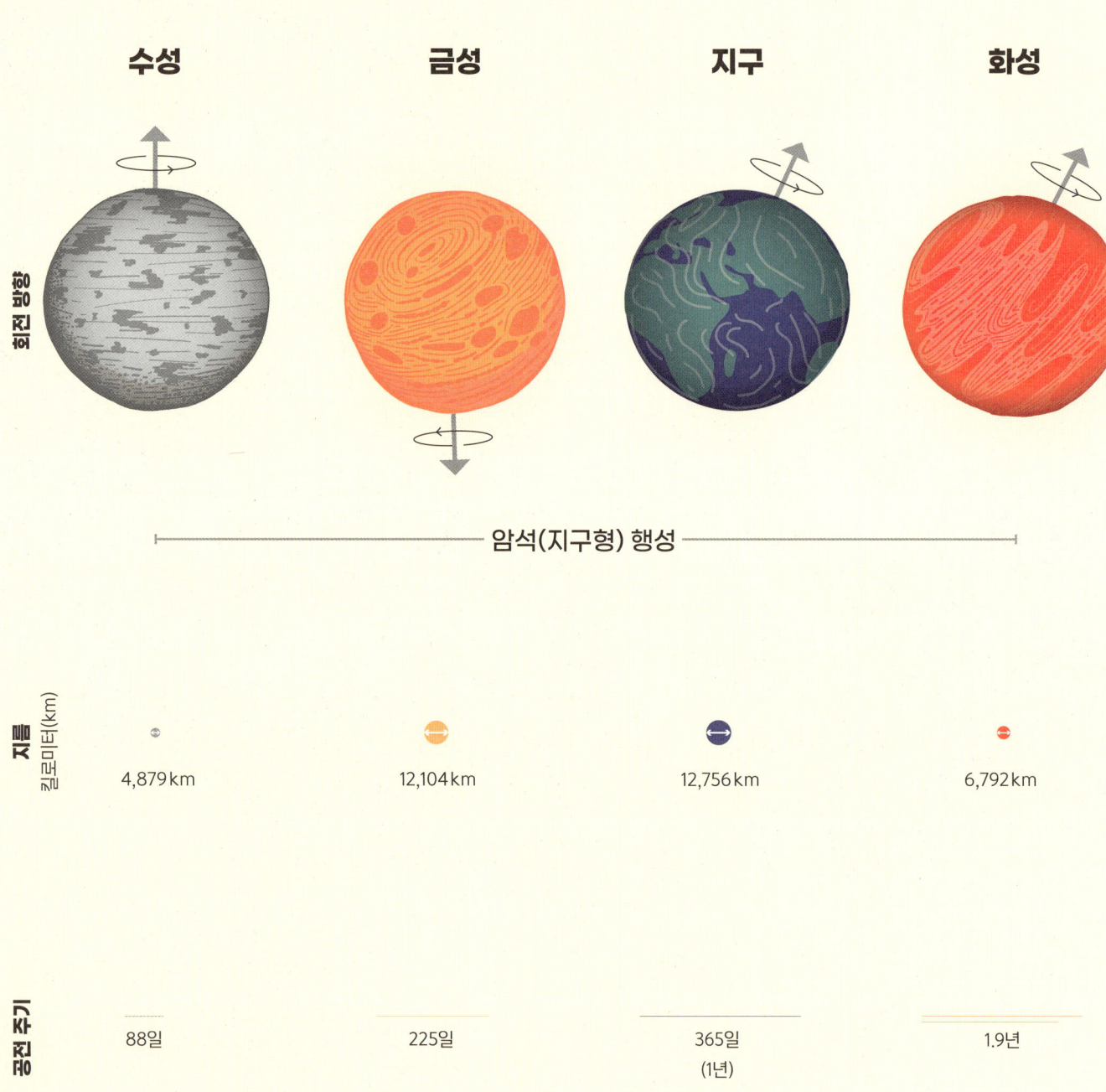

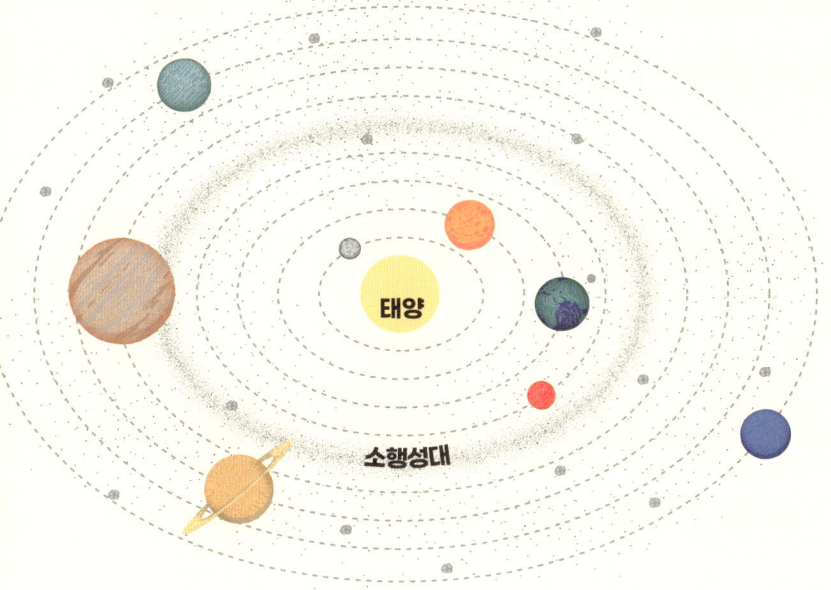

태양계의 중심에는 태양이라는 별이 있다. 여덟 개의 행성은 편평한 원반 모양의 궤도를 따라 태양 주위를 공전한다. 행성들은 태양 주위를 돌면서도 각자의 축을 중심으로 회전한다. 행성은 각기 다른 속도로 자전하는데, 지구가 자전축을 중심으로 한 바퀴를 도는 데는 24시간이 걸리며, 이것이 바로 우리가 보내는 하루다. 자전 속도가 가장 빠른 목성은 한 바퀴를 도는 데 약 10시간이 걸리고, 자전 속도가 가장 느린 금성은 243일이나 걸린다.

목성　　토성　　천왕성　　해왕성

옆으로 누워서 도는 행성은 나밖에 없어!

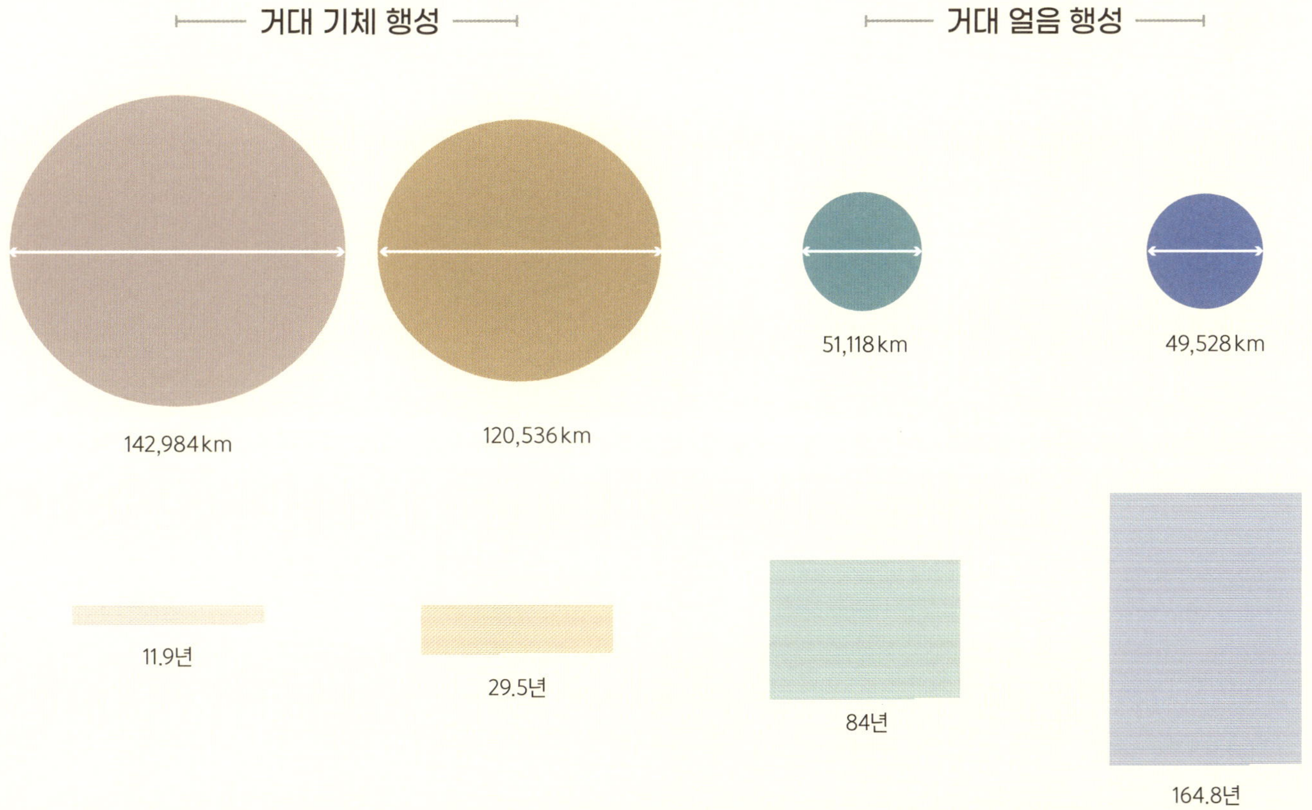

— 거대 기체 행성 —　　　　— 거대 얼음 행성 —

142,984 km　　120,536 km　　51,118 km　　49,528 km

11.9년　　29.5년　　84년　　164.8년

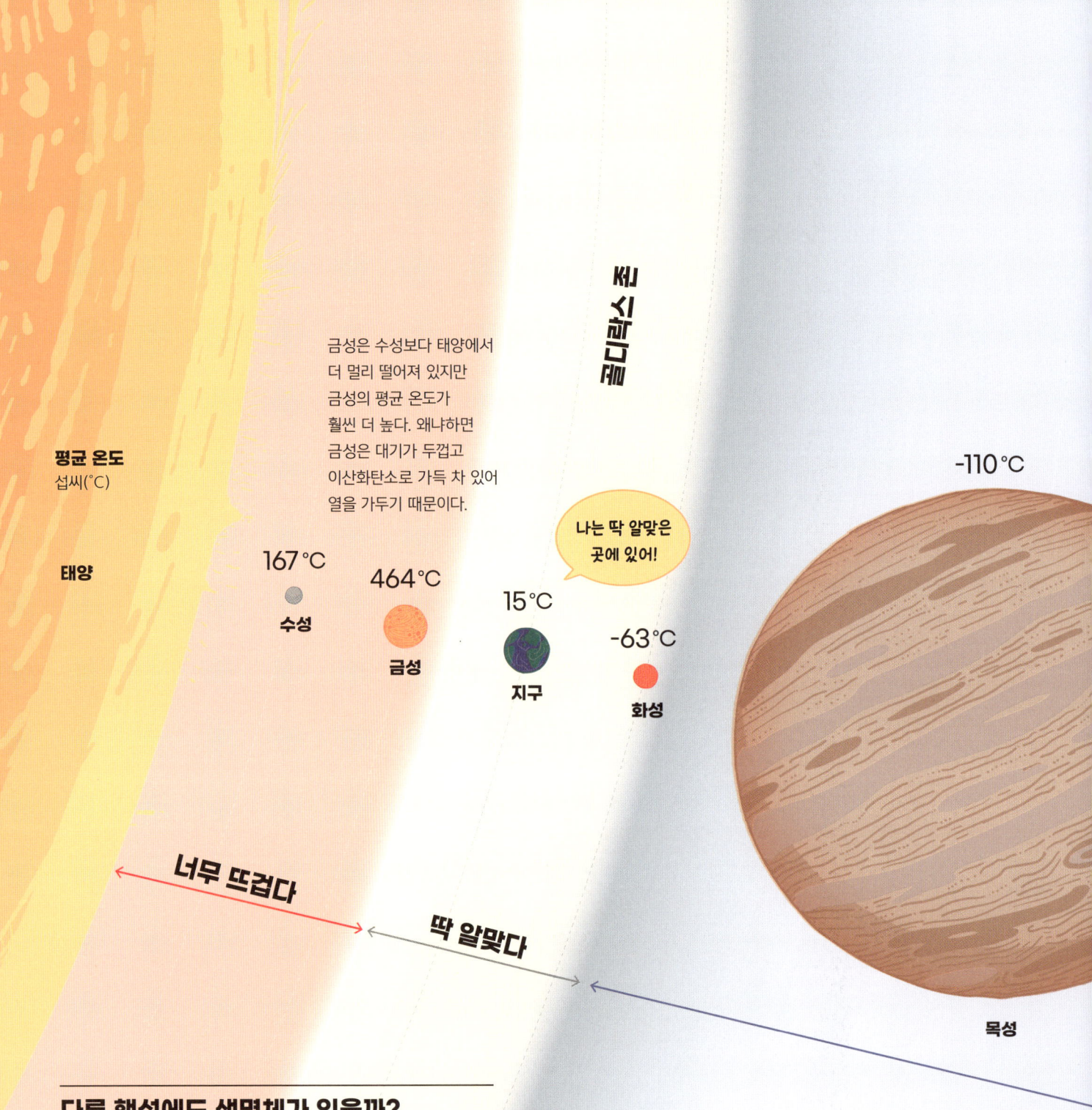

평균 온도
섭씨(°C)

태양

골디락스 존

금성은 수성보다 태양에서 더 멀리 떨어져 있지만 금성의 평균 온도가 훨씬 더 높다. 왜냐하면 금성은 대기가 두껍고 이산화탄소로 가득 차 있어 열을 가두기 때문이다.

167°C 수성
464°C 금성
15°C 지구
-63°C 화성
-110°C 목성

나는 딱 알맞은 곳에 있어!

너무 뜨겁다 ← → 딱 알맞다

다른 행성에도 생명체가 있을까?

우주에 있는 별의 개수만 봐도 지구처럼 골디락스 존 안에서 별 주위를 돌고 있는 행성이 수십억 개는 된다고 할 수 있다. 과학자들은 우리은하 안에 생명체가 거주할 수 있는 행성이 무려 3억 개나 될 것이라고 짐작하였다. 이 말은 수학적으로 따져도 우주에 있는 다른 행성에도 생명체가 존재할 가능성이 크다는 의미이다. 하지만 아직까지는 생명체가 존재하는 다른 행성을 단 하나도 찾지 못했다.

지구는 왜 이리 특별할까?

지구는 우리가 아는 한 우주에서 생명체가 살고 있는 유일한 곳이다. 그 이유 중 하나는 지구가 태양으로부터 적당한 거리에 있어, 너무 뜨겁지도 않고 너무 차갑지도 않기 때문이다. 그 덕분에 생명체가 살아가는 데 꼭 필요한 물이 증발해 버리거나 얼어붙지 않고 계속 지구 표면에 머무를 수 있다. 과학자들은 태양계에서 지구가 차지하고 있는 이 위치를 '골디락스 존'이라고 부른다. 마치 동화 '골디락스와 세 마리 곰'의 주인공 골디락스가 먹은 수프처럼 온도가 딱 알맞기 때문이다.

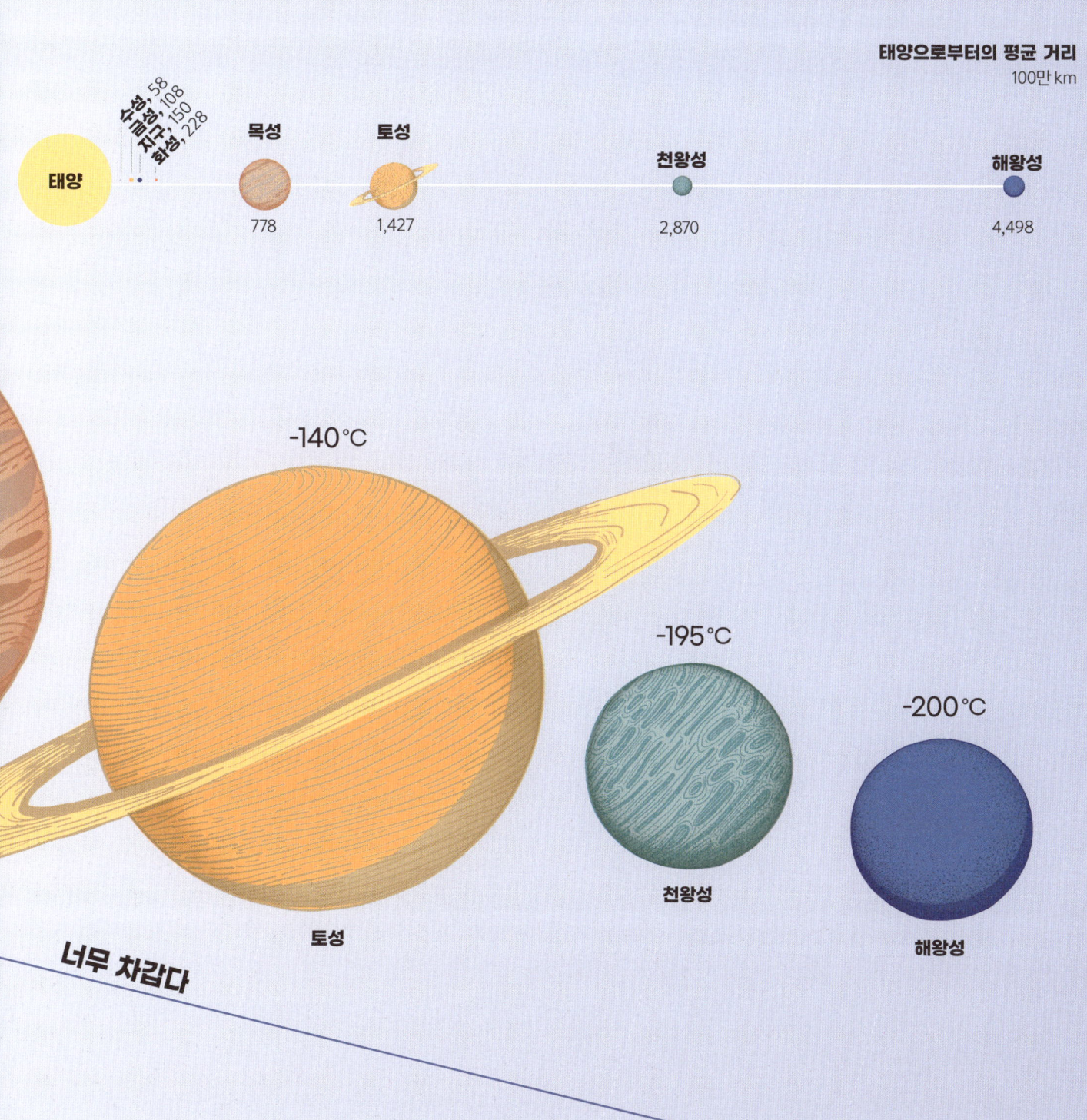

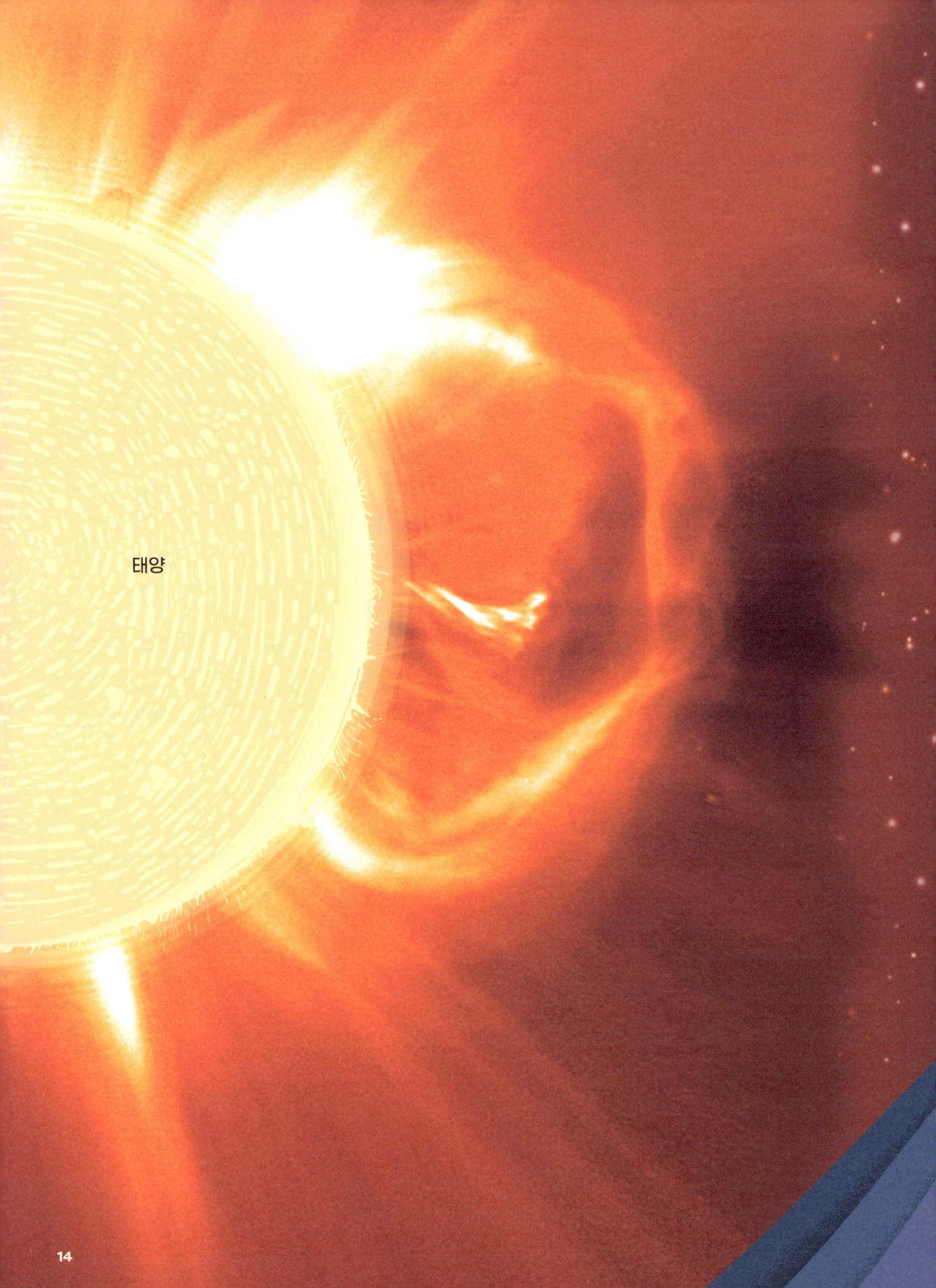
태양

태양으로부터 지구를 보호해 주는 것은 무엇일까?

태양은 태양 복사라고 하는 열과 빛 에너지, 그리고 태양풍이라고 하는 전기를 띤 뜨거운 입자 흐름을 끊임없이 내뿜는다. 다행히 지구에는 이 강력한 태양 복사로부터 지구를 지켜 주는 보이지 않는 보호막이 있다. 이는 지구 자기장 덕분에 만들어지는데, 이것을 지구 자기권이라고 부른다. 위 그림에 파란색 선으로 표시되어 있다. 자기권이 없었다면 지구에는 생명체가 살지 못했을 것이다.

태양계 행성은 몇 개의 위성을 가지고 있을까?

행성은 별 주위를 돌고, 위성은 행성 주위를 돈다. 태양계에는 200개가 넘는 위성이 있으며 이들 위성은 수성과 금성을 뺀 모든 행성의 둘레를 돌고 있다. 명왕성과 기타 왜행성, 그리고 많은 소행성에도 위성이 있다. 위성의 모양과 크기는 가지각색이다.

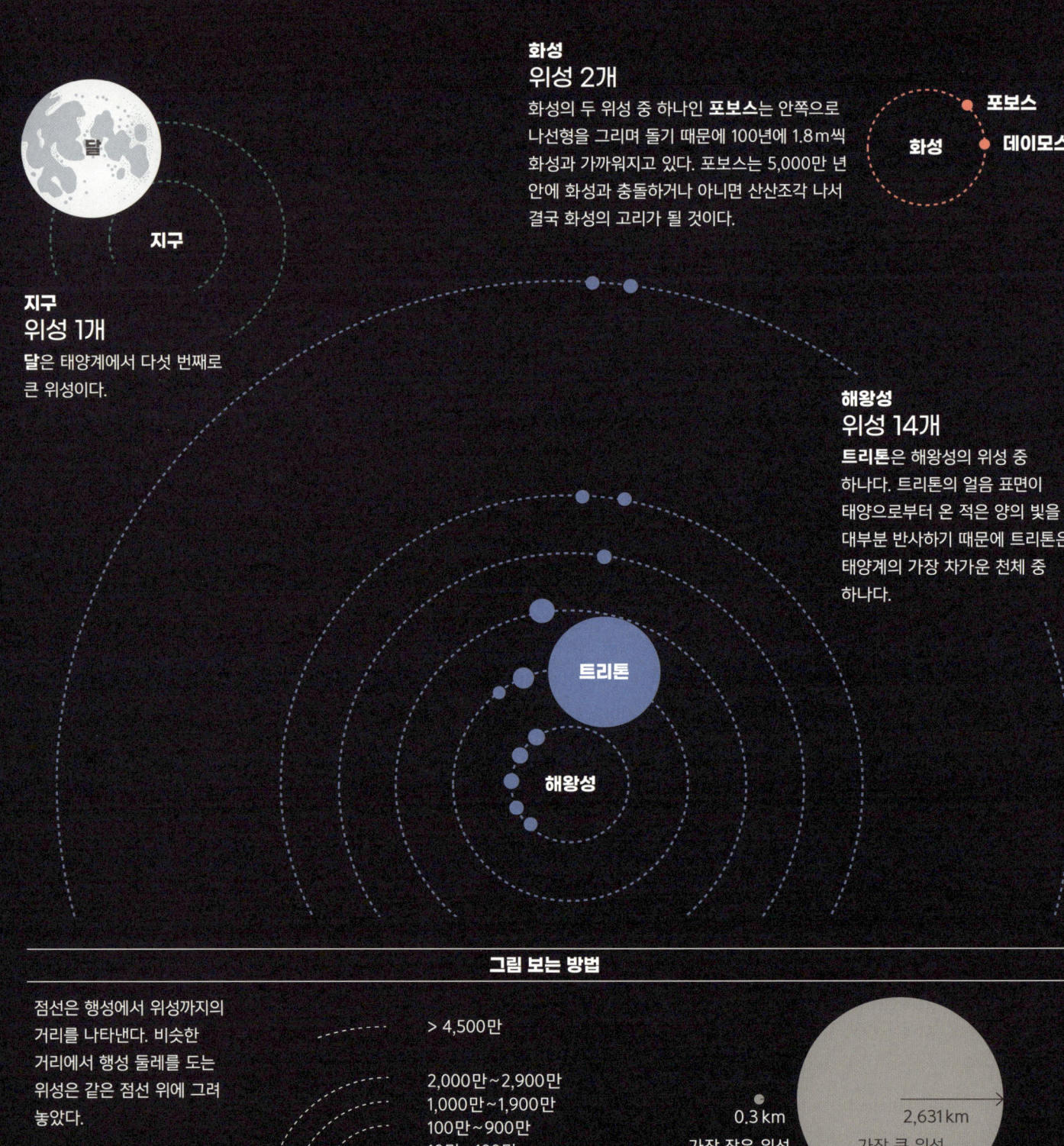

화성
위성 2개
화성의 두 위성 중 하나인 **포보스**는 안쪽으로 나선형을 그리며 돌기 때문에 100년에 1.8m씩 화성과 가까워지고 있다. 포보스는 5,000만 년 안에 화성과 충돌하거나 아니면 산산조각 나서 결국 화성의 고리가 될 것이다.

지구
위성 1개
달은 태양계에서 다섯 번째로 큰 위성이다.

해왕성
위성 14개
트리톤은 해왕성의 위성 중 하나다. 트리톤의 얼음 표면이 태양으로부터 온 적은 양의 빛을 대부분 반사하기 때문에 트리톤은 태양계의 가장 차가운 천체 중 하나다.

그림 보는 방법

점선은 행성에서 위성까지의 거리를 나타낸다. 비슷한 거리에서 행성 둘레를 도는 위성은 같은 점선 위에 그려 놓았다.

> 4,500만
2,000만~2,900만
1,000만~1,900만
100만~900만
10만~100만
< 10만

행성에서 위성까지의 평균 거리
킬로미터(km)

0.3 km
가장 작은 위성

2,631 km
가장 큰 위성

위성 반지름
킬로미터(km)

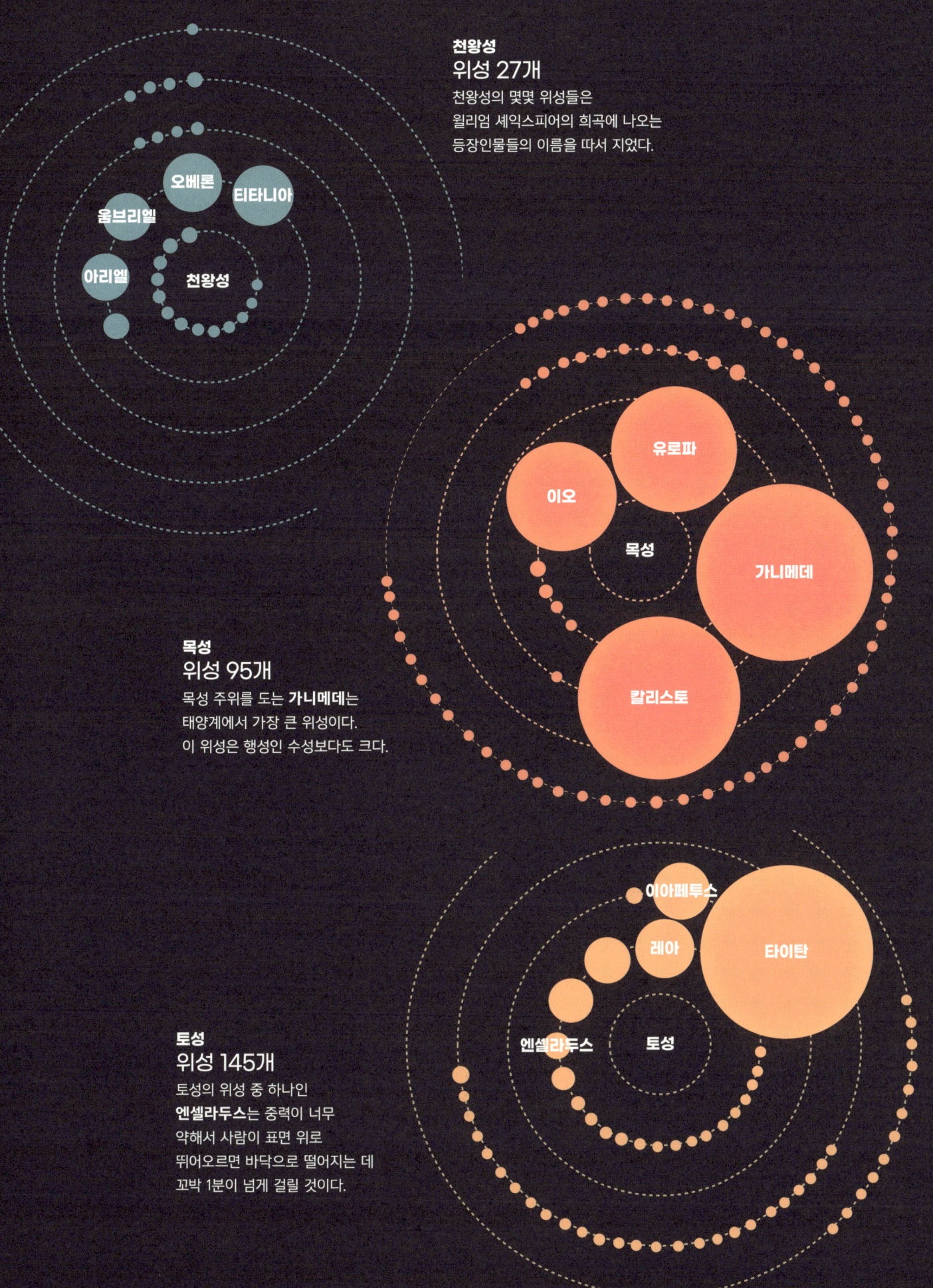

달은 얼마나 멀리 떨어져 있을까?

지구에서 보면 달이 비교적 가깝게 느껴지지만 실제로 달은 수십만 킬로미터나 떨어져 있다.
만약 태양계의 나머지 일곱 행성을 한 줄로 늘어놓는다면 지구와 달 사이에 딱 맞게 들어갈 것이다.
정말 이상한 우연의 일치지만 꽤나 가지런하게 말이다!

척도 10,000 km

지구
금성
수성
화성
목성

지구
지구와 달 사이에
지구 30개를 넣을 수 있다.

달의 궤도

지구 주위를 도는 달의 궤도는 완벽한 원이 아니라 약간 넓적한 원에 가깝다. 지구와 가장 먼 위치인 원지점에서 달은 405,500 km 떨어져 있다. 가장 가까운 위치인 근지점에서는 363,000 km 떨어져 있다. 평균적으로 달과 지구 사이의 거리는 약 384,000 km이다.

근지점 달과 지구 사이의 최소 거리

원지점 달과 지구 사이의 최대 거리

약 384,000 km
지구와 달 사이의 거리

토성

천왕성

해왕성

달

달

지구 30개

달의 위상

달의 절반은 (월식이 일어날 때만 빼면) 햇빛을 받아 밝게 빛난다. 하지만 달이 약 27일마다 한 바퀴씩 지구를 공전하기 때문에 지구에서는 달이 반사하는 햇빛의 양이 다르게 보인다. 눈에 띄는 여덟 가지의 달 모양 변화를 위상이라고 한다.

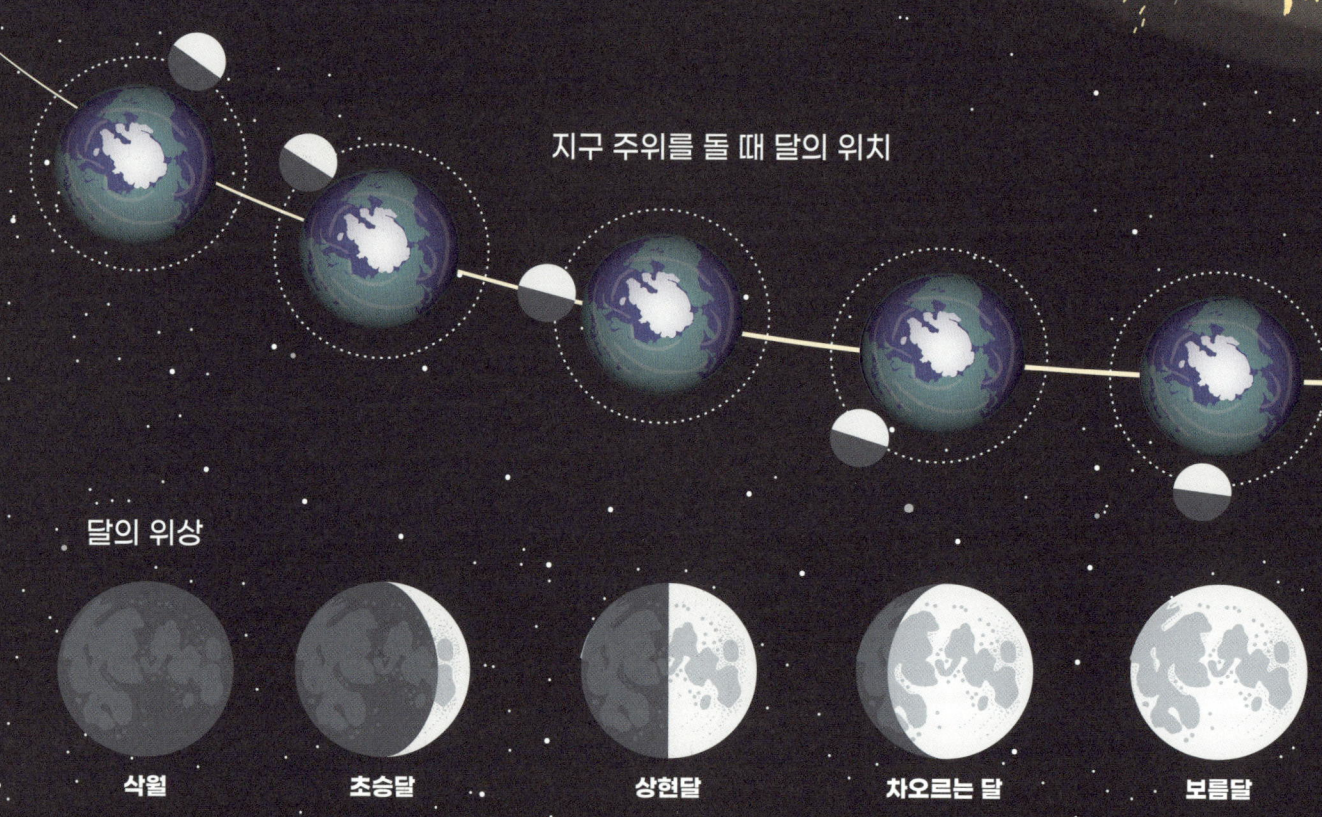

지구 주위를 돌 때 달의 위치

달의 위상

| 삭월 | 초승달 | 상현달 | 차오르는 달 | 보름달 |

달의 뒷면

만약 망원경으로 달 표면을 살펴본다면 흥미로운 사실을 알게 될 것이다. 바로 '달의 앞면'이라고 부르는 달 표면만이 항상 지구를 마주하고 있다는 사실을 말이다. 흔히 '달의 뒷면'이라고 부르는 반대편은 지구에서는 절대 볼 수 없다. 왜냐하면 달은 지구 둘레를 도는 속도와 같은 속도로 자전하기 때문이다. 즉, 달이 지구 주위를 돌 때는 늘 한쪽 면이 지구를 향한 채 돌게 되므로 우리는 달의 뒷면을 볼 수 없다. 하지만 달의 뒷면을 촬영하는 우주 탐사선 덕분에 지금 우리는 달의 뒷면이 어떤 모습인지 알고 있다.

지구에서는 달의 뒷면을 절대 볼 수 없다.

태양

기울어 가는 달 | 하현달 | 그믐달 | 삭월

파도타기는 낮에 하는 게 훨씬 쉽지!

달과 조수

조수란 대양과 바다, 호수의 수위가 규칙적으로 오르내리는 것을 말한다. 조수의 주된 원인은 달이다 (태양도 한몫한다). 달이 마치 자석처럼 지구의 모든 물을 끌어당긴다. 달의 중력은 가장 가까운 지구 표면의 대양을 부풀게 한다. 이를 밀물이라고 부른다. 지구가 계속해서 자전하고 있기 때문에 달에서 먼 지구 반대편의 표면에서도 밀물이 생긴다. 이 두 밀물이 대양의 물을 끌어당기면서 그 사이에 두 개의 썰물이 생긴다.

중력 ← 밀물 · 밀물 · 썰물 · 썰물

페가수스자리는 그리스 신화에 나오는 날개 돋친 말의 이름을 따서 지었다.

북반구

북반구에 산다면 가장 쉽게 볼 수 있는 별자리는 W 모양의 카시오페이아자리와 오리온자리, 그리고 십자 모양의 백조자리다.

큰곰자리는 대웅성좌라고도 한다. 큰곰자리 안에서 국자 모양을 만들어 내는 가장 밝은 일곱 개의 별을 북두칠성이라고 부른다.

스피카는 하늘에서 두 번째로 큰 별자리인 처녀자리에서 가장 밝은 별이다.

암컷 물뱀자리라고도 하는 바다뱀자리는 남쪽 하늘에 길게 펼쳐져 있다.

남반구
남반구에서 볼 수 있는 가장 밝은 별자리는 연 모양으로 보이는 남십자자리다.

별 지도 그리기

고대부터 사람들은 별이 만들어 낸 모양을 보고 이야기를 짓고 그림을 그렸다. 이 모양을 별자리라고 부른다. 가장 오래된 것으로 알려진 별 지도책은 기원후 700년경 중국에서 만들어졌다. 오늘날 천문학자들이 사용하는 표준 별자리는 88개다. 위 그림은 별자리 가운데 지구의 북반구와 남반구에서 가장 흔히 볼 수 있는 별자리를 나타낸 것이다.

식이란 무엇일까?

행성이나 위성 같은 하나의 천체가 다른 천체의 그림자 속으로 들어가는 현상을 식이라고 부른다. 지구에서 흔히 볼 수 있는 식은 일식과 월식, 두 가지가 있다.

일식

일식은 달이 지구에 도달하는 태양 빛을 막아 지구에 그림자를 드리울 때 일어난다.

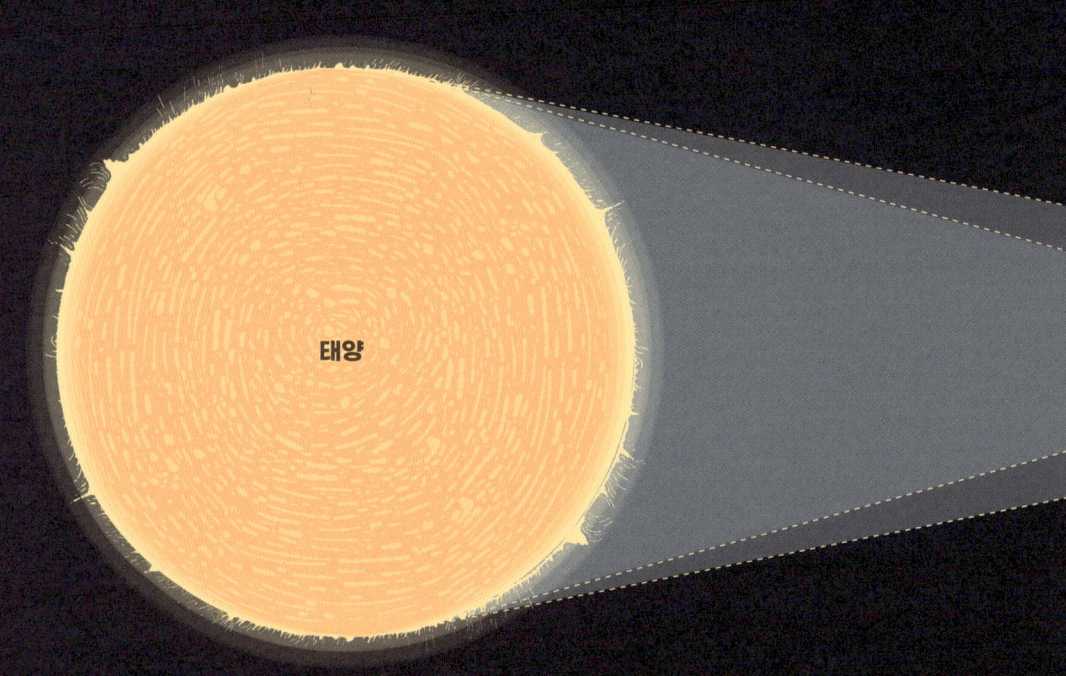

지구에서 보이는 개기 일식

태양, 달, 지구가 정확히 일직선상에 놓일 때 개기 일식이 일어난다. 이때 달이 태양을 완전히 덮어 태양 빛을 가린다. 태양과 달의 이 같은 완벽한 정렬을 천문학자들은 개기식이라고 부른다. 이는 오로지 놀라운 우연의 일치로 가능하다. 태양은 달보다 크기가 400배 크고 거리는 400배 멀리 떨어져 있다. 이 두 가지가 합쳐져 하늘에서 달이 태양을 완벽하게 가릴 수 있게 된다.

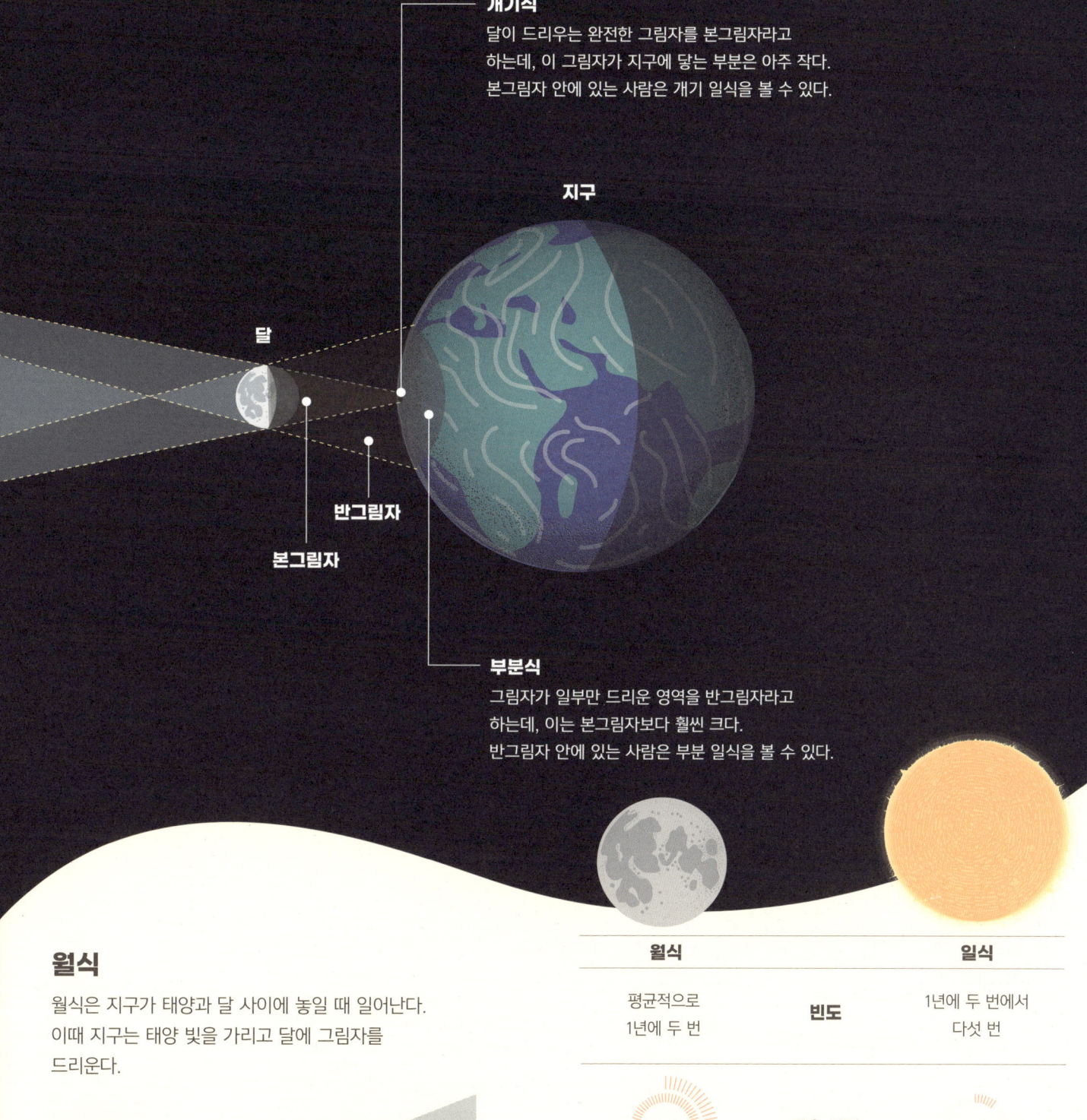

나를 달로 보내 주오

1969년, 미국 우주 비행사 닐 암스트롱을 시작으로 오직 12명의 사람만이 달 위를 걷는 기분을 느껴 봤다. 아래 인포그래픽에 과거 성공한 임무, 실패한 임무, 앞으로 계획 중인 임무 등 100개 이상의 달 탐사 임무를 나타내었다.

그림 보는 방법

각 선은 달 탐사 임무를 나타내며, 발사일과 연결되어 있다.

아폴로 임무는 노란색으로 표시되어 있다. 우주 비행사를 달에 성공적으로 착륙시킨 여섯 건의 임무와 해당 임무의 번호가 쓰여 있다.

— 과거 성공한 임무
--- 과거 실패한 임무
—→ 진행 중이거나 계획 중인 임무

유인 우주 비행 임무는 선의 양 끝에 원으로 표시해 놓았다.

—◯ 유인 임무

유인 달 착륙 임무
- 아폴로 ⑪ 1969년 7월
- 아폴로 ⑫ 1969년 11월
- 아폴로 ⑭ 1971년 1월
- 아폴로 ⑮ 1971년 7월
- 아폴로 ⑯ 1972년 4월
- 아폴로 ⑰ 1972년 12월

이 표시는 우주 비행사들이 착륙한 달 표면의 위치를 보여 준다.

미국과 구소련은 우주 탐사의 선두 주자였다. 이 두 국가는 1958년부터 1976년까지 총 90건의 달 탐사 임무에 착수했다.

창어 1호는 중국 최초의 달 탐사선이다. 최근 몇 년간 중국은 다른 어떤 나라보다 더 많이 달 탐사 임무에 착수했다.

아폴로 13호의 임무는 우주 비행사들을 달에 착륙시키는 것이었다. 비록 산소 탱크가 고장 나는 바람에 임무가 중단되었지만 다행히 우주 비행사 전원은 무사히 지구로 귀환했다.

발사 년도 1960   1965   1970   1975   1980   1985   1990

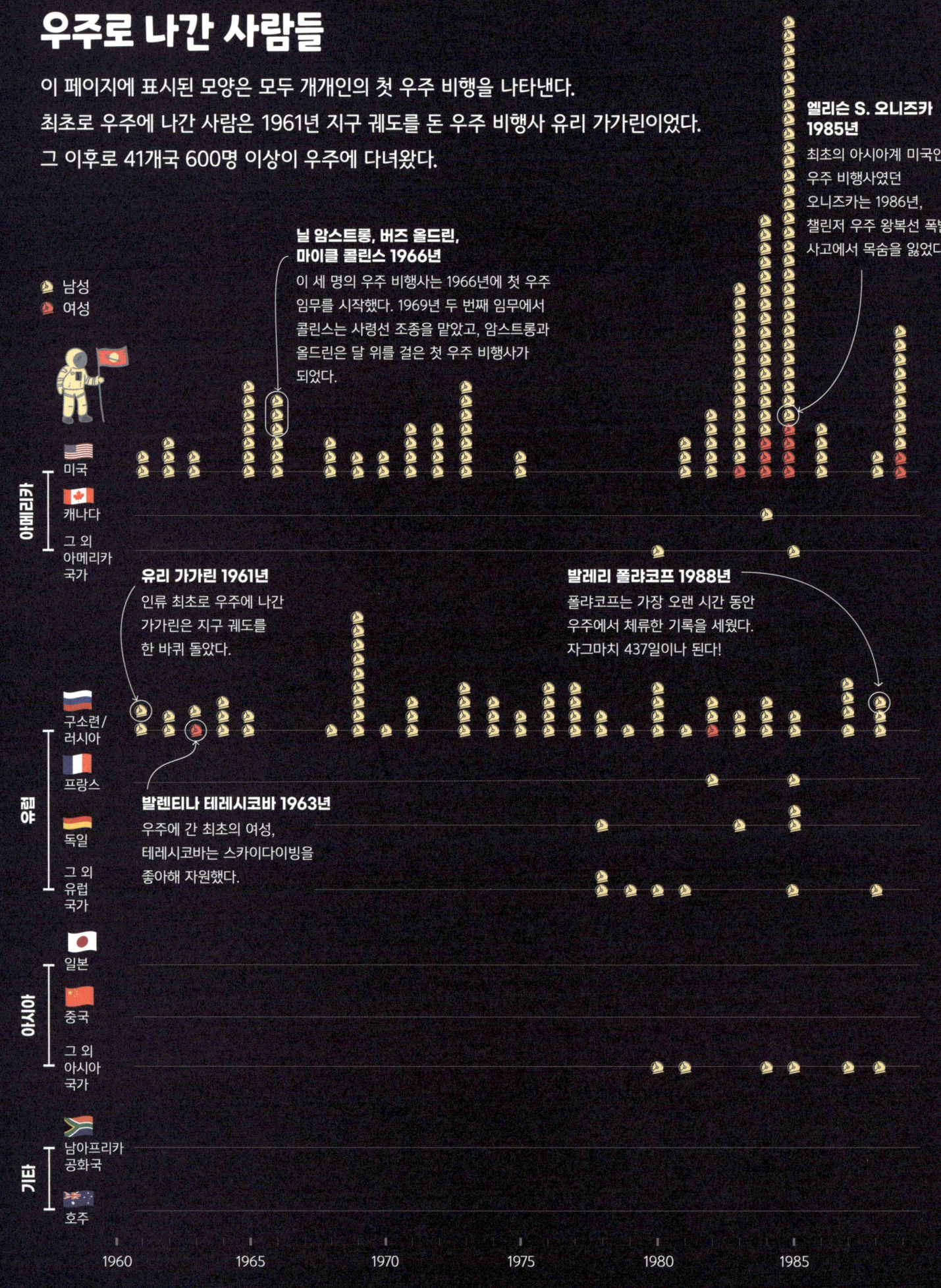

우주 비행사 10명 중 약 9명이 남성

우주에 다녀온 우주비행사 중 여성은 약 10%뿐이다. 하지만 미래에는 더 많은 여성 우주 비행사가 생겨날 것이다.

우주 관광객 2021년
제프 베조스, 일론 머스크 등 억만장자가 소유한 민간 우주 탐사 기업은 더 많은 사람이 비용을 지불하고 우주에 갈 수 있게 했다.

치아키 무카이 1994년
아시아 여성으로는 최초로 우주에 나간 일본인 무카이는 우주 왕복선 임무를 두 번 수행했다.

크리스 보슈이젠 2021년
호주인으로는 최초로 우주에 간 보슈이젠은 억만장자 제프 베조스의 우주 기업 블루 오리진의 로켓에 탑승했다.

1990   1995   2000   2005   2010   2015   2020

태양은 무엇인가?

태양은 별이며, 불타는 거대한 가스 덩어리다. 주로 수소와 헬륨으로 이루어져 있고 핵에는 금속 성분이 조금 들어 있다. 태양 핵은 온도가 1,500만 도에 이르기 때문에 가까이 가 볼 수 없다. 하지만 멀리서도 탐사선과 망원경을 이용해 태양에 관한 정보를 모을 수 있기 때문에 과학자들은 태양 안에서 무슨 일이 일어나는지 알아낼 수 있다.

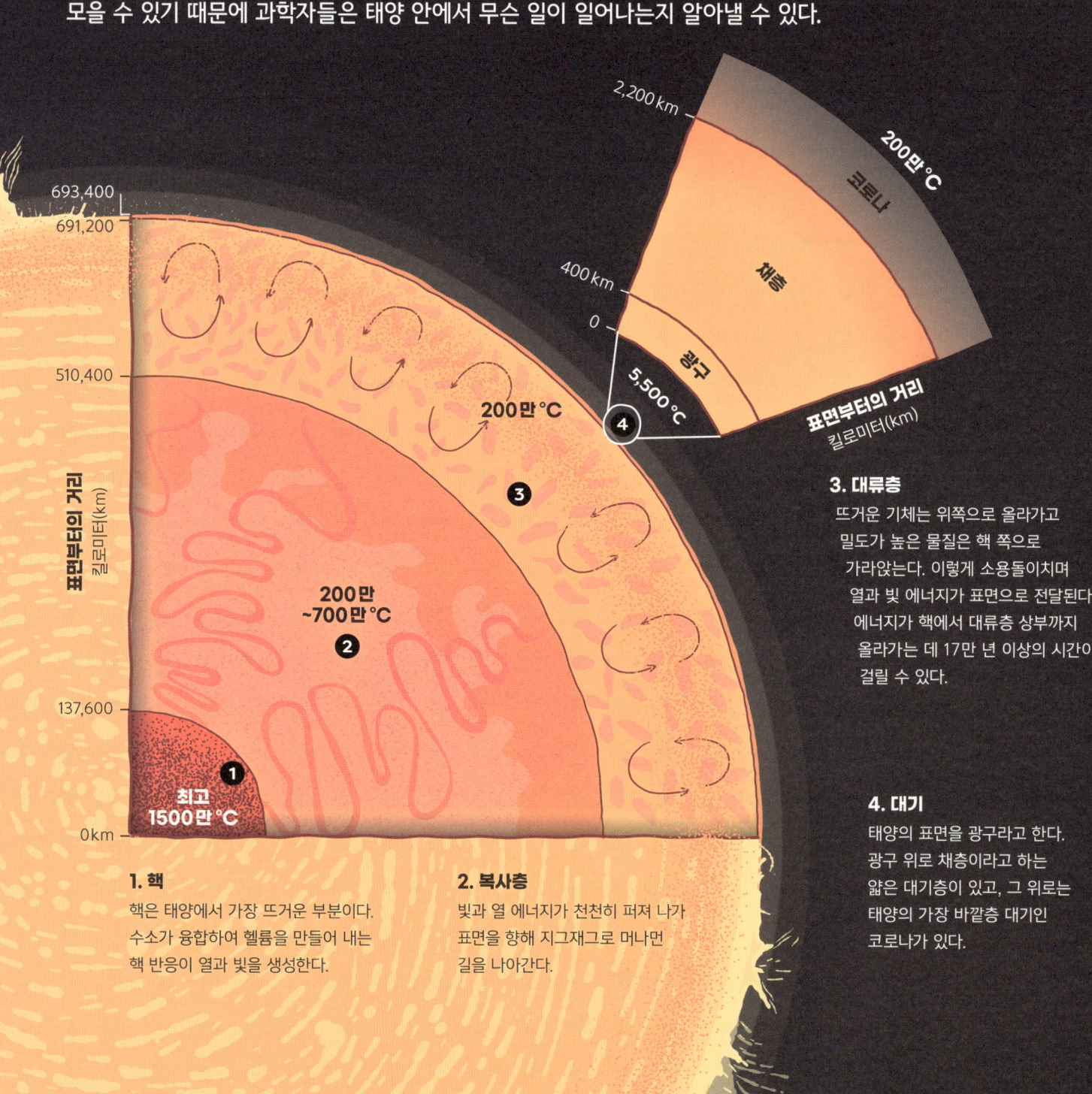

1. 핵
핵은 태양에서 가장 뜨거운 부분이다. 수소가 융합하여 헬륨을 만들어 내는 핵 반응이 열과 빛을 생성한다.

2. 복사층
빛과 열 에너지가 천천히 퍼져 나가 표면을 향해 지그재그로 머나먼 길을 나아간다.

3. 대류층
뜨거운 기체는 위쪽으로 올라가고 밀도가 높은 물질은 핵 쪽으로 가라앉는다. 이렇게 소용돌이치며 열과 빛 에너지가 표면으로 전달된다. 에너지가 핵에서 대류층 상부까지 올라가는 데 17만 년 이상의 시간이 걸릴 수 있다.

4. 대기
태양의 표면을 광구라고 한다. 광구 위로 채층이라고 하는 얇은 대기층이 있고, 그 위로는 태양의 가장 바깥층 대기인 코로나가 있다.

태양의 생애 주기

태양은 약 46억 년 전에 거대한 먼지와 가스 구름이 중력에 의해 합쳐지면서 탄생했다. 모든 별과 마찬가지로 태양도 여러 단계를 거쳐서 진화해 왔고, 각 단계마다 이름과 특징이 있다. 오늘날의 태양은 주계열성이고, 황색 왜성이라고도 불린다. 태양은 100억 년에 달하는 생애 중 절반쯤 되는 시간을 보내고 있다.

성운의 모습을 보고 싶다면 페이지를 넘겨 보자!

여기서부터 시작!

성운 안에서의 탄생
별은 먼지와 가스 구름인 성운 안에서 만들어진다.

오늘날의 태양

40억 년
주계열성
태양은 앞으로 수십억 년 동안 지금의 크기와 모양일 것이다.

80~100억 년
적색 거성
태양이 수명을 다해 가면서 중심핵은 수축할 것이고 바깥층은 팽창하면서 식어갈 것이다. 이 단계의 태양을 적색 거성이라고 부른다.

110억 년
행성 모양의 성운
태양이 수소를 다 써 버리면 가스로 된 바깥층이 떨어져 나갈 것이다.

수천억 년
백색 왜성, 흑색 왜성
남아 있는 태양의 중심핵이 백색 왜성이 되어 수십억 년 동안 별처럼 빛날 것이다. 과학자들은 백색 왜성이 식어 흑색 왜성이 될 것이라고 생각한다.

죽음

거성의 생애 주기

무거운 별
태양보다 질량이 1.5배 이상 큰 별들은 다른 생애 주기를 거친다. 큰 별들은 수소를 더 빨리 소진한다. 가장 큰 별들은 불과 몇백만 년 안에 다 타버릴 것이다.

적색 초거성
수명이 끝나 가는 무거운 별은 적색 초거성이 되는데, 이들은 태양보다 1,000배나 클 수 있다.

초신성
마침내 적색 초거성이 대폭발하며 바깥층을 날려 버린다.

블랙홀
초거성이 엄청나게 커지면 블랙홀이 된다.

중성자별
초거성이 충분히 크지 않으면 작고 밀도 높은 중성자별이 된다.

별이 탄생하는 요람

이 반짝이는 우주 사진에서는 성운, 즉 '별 보육원'을 볼 수 있다.
제임스 웹 우주 망원경이 촬영한 이 사진에서는 갈색 산맥의 봉우리와 골짜기처럼 생긴 성운의 가장자리 모습을 볼 수 있다. 가장자리는 거대한 젊은 별이 내뿜는 복사로 인해 침식되고 있다. 이 성운의 규모는 상상할 수 없을 정도로 큰데, 이 사진에서 가장 높은 '봉우리'는 약 7광년 높이다. (1광년은 빛이 1년 동안 이동하는 거리다.)

우주에서 가장 빠른 것

여러분이 떠올릴 수 있는 가장 빠른 것은 무엇인가? 자동차? 비행기? 우주 로켓? 사실 우주에서 가장 빨리 움직이는 것은 빛이다. 고속도로를 달리는 자동차는 시속 약 100 km로 이동한다. 빛의 최고 속도는 이보다 천만 배나 빠르다!

빛의 속도

차트 위 흰색 선은 여러 가지 물체가 한 시간 만에 얼마나 멀리 이동할 수 있는지를 보여 준다.
보다시피 가장 긴 흰색 선을 가진 빛이 단연코 가장 멀리 이동한다. 이 말은 빛이 가장 빠르다는 뜻이기도 하다.

가장 빠른 항공기
(시간당) 7,274 km

가장 빠른 우주 탐사선
692,017 km

태양계
720,000 km

속도
시속 100만 km

가장 빠른 로켓 추진 항공기는 음속보다 6배 이상 빠르게 움직일 수 있다.

가장 빠른 우주 탐사선은 2018년에 발사된 나사의 파커 태양 탐사선이다.

태양계는 우리은하 중심을 돌면서 매우 빠르게 움직이고 있다.

진공 속의 빛
(시간당) 1,079,252,849 km

태양에서 출발한 빛이 도달하는 데 걸리는 시간

안드로메다은하까지
우리은하에서 가장 가까운 은하
250만 년

지구까지
8.3분

해왕성까지
4.2시간

프록시마 센타우리까지
태양에서 가장 가까운 별
4.3년

소리 VS 빛

시간당 약 1,225 km를 이동하는 소리는 빛보다 훨씬 느리다. 그래서 번갯불이나 불꽃놀이를 볼 때, 우리는 빛을 먼저 보고 난 뒤에야 소리를 들을 수 있다.

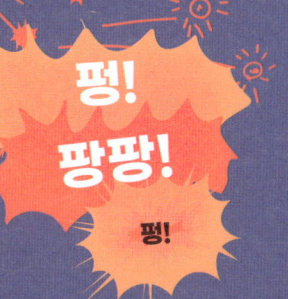
펑! 팡팡! 펑!

태양보다 훨씬 큰 별

태양이 우리가 보기에는 아주 큰 것 같지만 사실 다른 별과 견주어 보면 평균 크기에 가깝다. 어떤 별은 태양보다 작고, 어떤 별은 태양보다 크다. 그리고 어떤 별은 태양보다 훨씬 크다. 천문학자들이 관찰한 별 중 태양보다 훨씬 큰 별은 방패자리 UY로, 우리은하 중심 가까이에 있는 극대거성이다. 방패자리 UY와 태양을 나란히 놓는다면 바로 이런 모습일 것이다.

방패자리 UY
지름 2,375,900,000 km
태양의 지름보다 1,708배 크다.
우리은하 중심 가까이에 자리한 방패자리 UY는 극대거성이며, 초거성보다 훨씬 크다. 방패자리 UY 속에 최소 1,000조 개의 지구를 넣을 수 있을 정도다.

태양
지름 1,391,016 km
방패자리 UY 옆에서는 태양이 아주 작아 보이지만 태양은 지구보다 훨씬 크다. 태양 속에 1,300,000개의 지구를 넣을 수 있을 정도니 말이다.

우리는 별로 이루어졌다

우리 몸은 산소와 탄소 등 여러 가지 화학 원소로 이루어져 있다. 이 원소들은 맨 처음에 어디에서 왔을까? 몇 가지 원소는 폭발하는 별 안에서 생겨났다. 다른 원소들은 빅뱅 순간에 생겼을 수 있다. 사실 우리는 별로 이루어진 것이다.

인체 속 원소

인체는 대부분 다섯 가지 원소로 구성되어 있다. 바로 산소, 탄소, 수소, 질소, 칼슘이다. 나트륨과 철 등 기타 원소가 나머지 2.5 %를 채우고 있다. 심지어 금도 약간 들어 있다.

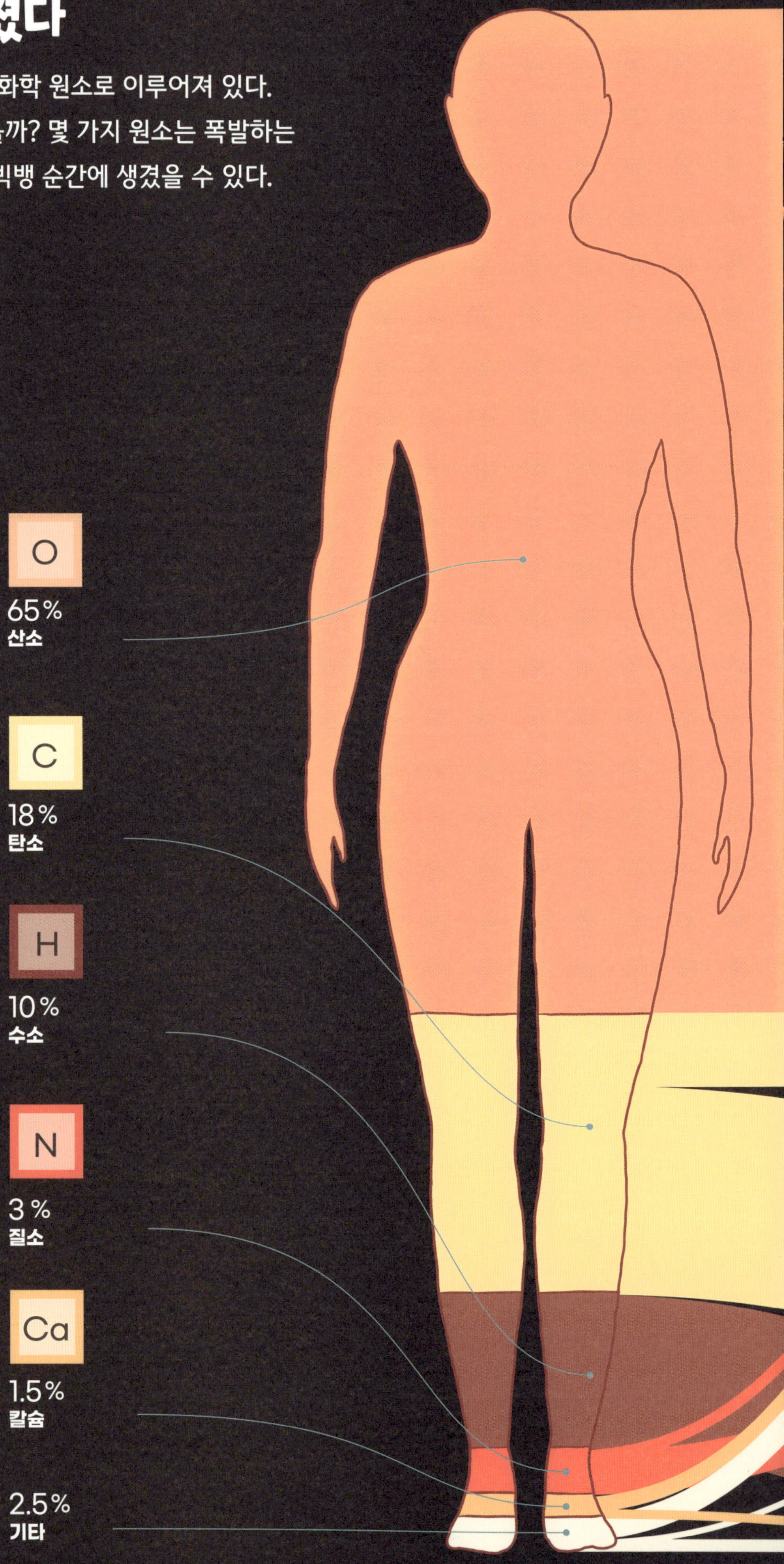

O
65 %
산소

C
18 %
탄소

H
10 %
수소

N
3 %
질소

Ca
1.5 %
칼슘

2.5 %
기타

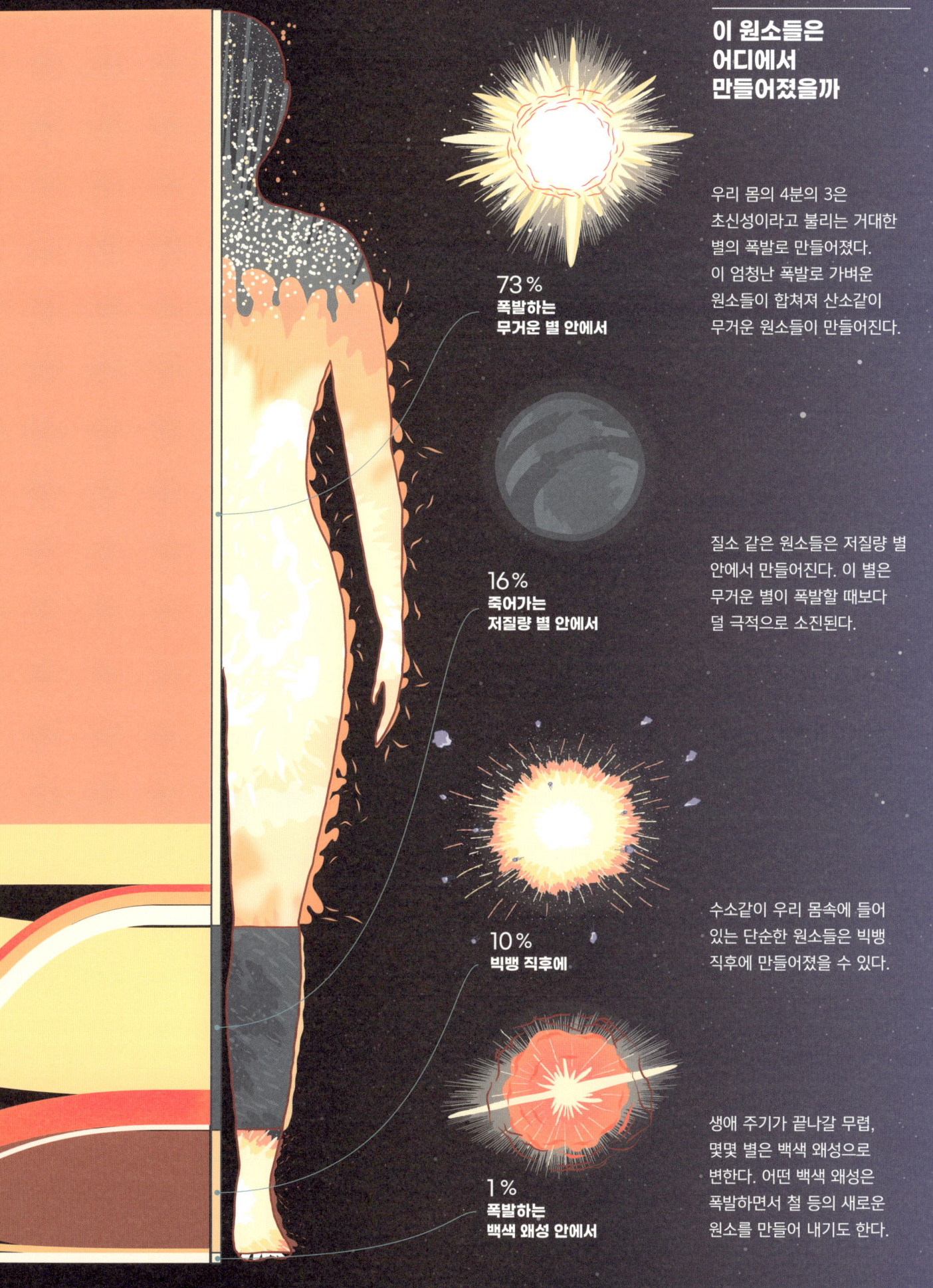

이 원소들은 어디에서 만들어졌을까

73 %
폭발하는 무거운 별 안에서

우리 몸의 4분의 3은 초신성이라고 불리는 거대한 별의 폭발로 만들어졌다. 이 엄청난 폭발로 가벼운 원소들이 합쳐져 산소같이 무거운 원소들이 만들어진다.

16 %
죽어가는 저질량 별 안에서

질소 같은 원소들은 저질량 별 안에서 만들어진다. 이 별은 무거운 별이 폭발할 때보다 덜 극적으로 소진된다.

10 %
빅뱅 직후에

수소같이 우리 몸속에 들어 있는 단순한 원소들은 빅뱅 직후에 만들어졌을 수 있다.

1 %
폭발하는 백색 왜성 안에서

생애 주기가 끝나갈 무렵, 몇몇 별은 백색 왜성으로 변한다. 어떤 백색 왜성은 폭발하면서 철 등의 새로운 원소를 만들어 내기도 한다.

블랙홀의 어마어마한 힘

블랙홀은 거대한 양의 물질이 빽빽하게 들어차 있는 우주 영역이다. 꽉 찬 이 모든 물질이 어마어마하게 강력한 중력을 만들어 낸다. 실제로 중력이 너무 강해 블랙홀 근처를 지나는 것은 아무것도 밖으로 빠져나가지 못한다. 심지어 빛조차도. 이런 이유 때문에 블랙홀이라고 부른다.

우주선이 블랙홀로 들어가면 무슨 일이 벌어질까?

로켓이 사건의 지평선으로 다가갈 때 중력은 별에서 온 빛을 휘고 구부리며 환상적인 불꽃 쇼를 만들어 낼 것이다. 그리고 완전한 암흑이 로켓을 감쌀 것이다. 그 이후에 무슨 일이 일어날 지는 우주의 가장 큰 미스터리 중 하나다. 아마도 로켓이 점점 빨리 떨어지면서 '국수 효과'로 인해 길게 늘어나 사방팔방으로 찢길 것이다. 아니면 순식간에 바싹 타 버릴지도 모른다. 로켓의 잔해는 수백만 년에 걸쳐 복사로 새어 나오거나 웜홀(시공간 내의 통로)에서 툭 튀어나올 수 있다.

사건의 지평선 — 되돌아올 수 없는 지점

특이점 — 블랙홀의 중심 지점

블랙홀의 종류

원시 — 아주 작은 블랙홀은 빅뱅 직후에 만들어졌을 수 있다. 원자만 한 작은 블랙홀이라도 산 하나만큼의 질량을 가지고 있을 것이다.

항성 — 항성 블랙홀은 무거운 별이 죽어가며 내부로 붕괴할 때 생긴다. 가장 흔한 유형의 블랙홀이며 대개 태양보다 크다.

초대질량 — 수백만 배나 크다는 점을 제외하고는 항성 블랙홀과 비슷하다. 어떤 초대질량 블랙홀은 태양계보다 크다. 대부분의 은하에는 중심부에 초대질량 블랙홀이 하나씩 있다.

우리은하(은하수)의 중심에 있는 초대질량 블랙홀을 궁수자리 A별이라고 부른다. 이 별의 질량은 태양 400만 개의 질량과 맞먹는다.

블랙홀은 어떻게 찾나?

블랙홀을 찾는 것은 매우 어렵다. 블랙홀은 빛을 내지 않기 때문에, 블랙홀의 중력이 다른 천체에 미치는 영향을 살펴봐야 한다. 과학자들은 이런 방법으로 별과 은하의 움직임을 연구함으로써 블랙홀의 위치와 크기를 계산할 수 있다.
가끔 블랙홀은 별에 가까워질 수 있다. 이때 블랙홀이 뜨거워지면서 위 그림처럼 강한 빛을 내게 된다. 다행스럽게도 블랙홀은 지구에서 아주 멀리 떨어져 있기 때문에 블랙홀을 발견하기가 어렵다. 이는 지구가 블랙홀로 빨려 들어갈 위험도 없다는 의미이기도 하다.

외계에서 온 암석

태양계 대부분의 공간은 텅 비어 있지만 그 안에서 태양, 행성, 왜행성, 위성뿐 아니라 소행성과 혜성을 찾아볼 수 있다. 이 천체들은 태양계를 형성하고 남은 먼지와 암석으로 만들어진다.

우주 암석 구분법

   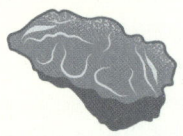 

소행성
소행성은 행성이 될 만큼 크지 않은 암석으로 된 덩어리다.

유성체
유성체는 지름 1m 이하의 돌이나 금속으로 된 작은 조각이다.

유성
'별똥별'이라고도 부르는 유성은 유성체가 지구 대기 안으로 들어오면서 빛줄기를 내며 타는 천체를 말한다.

운석
운석은 유성의 일부로, 지구 대기권 안으로 진입하고도 타지 않고 온전히 지표면에 내려앉은 암석을 말한다.

혜성
혜성은 암석, 먼지, 얼음으로 된 천체로, 태양 주위를 돈다. 태양계 외곽에는 무려 1조 개나 되는 혜성이 있을 수 있다.

혜성

혜성은 태양계의 두 외곽에서 탄생한다. 해왕성 궤도 밖의 차갑고 거대한 지역인 카이퍼 벨트와 명왕성 너머에 있는 더 먼 지역인 오르트 구름이다.
때때로 혜성은 태양에 근접하여 지나간다.
그때는 얼음 일부가 기체로 변하면서 화려한 혜성 꼬리가 만들어진다.

브레데포트 충돌구
300 km

지구까지의 거리

9월의 대혜성
1882년

핼리 혜성
기원전 240년

이케야-세키
1965년

헤일-밥
1995년

맥노트
2006년

지구 역사상 가장 큰 소행성 충돌

지구 대기권에 도달하는 소행성은 대부분 지구 표면에 닿기 전에 불타 없어진다. 하지만 몇백만 년에 한 번씩, 심각한 피해를 입힐 만큼 큰 소행성이 지구와 충돌해 거대한 웅덩이를 남긴다. 소행성이 떨어지는 속도가 빠를수록 더 큰 웅덩이가 생긴다. 지금까지 알려진 다섯 개의 가장 큰 소행성 충돌은 아래 그림과 같다.

6,600만 년 전 공룡을 멸종시킨 소행성은 폭이 14km였고 지구와 부딪칠 때 제트기보다 150배 빠른 속도로 움직이고 있었을 것이라 추정된다.

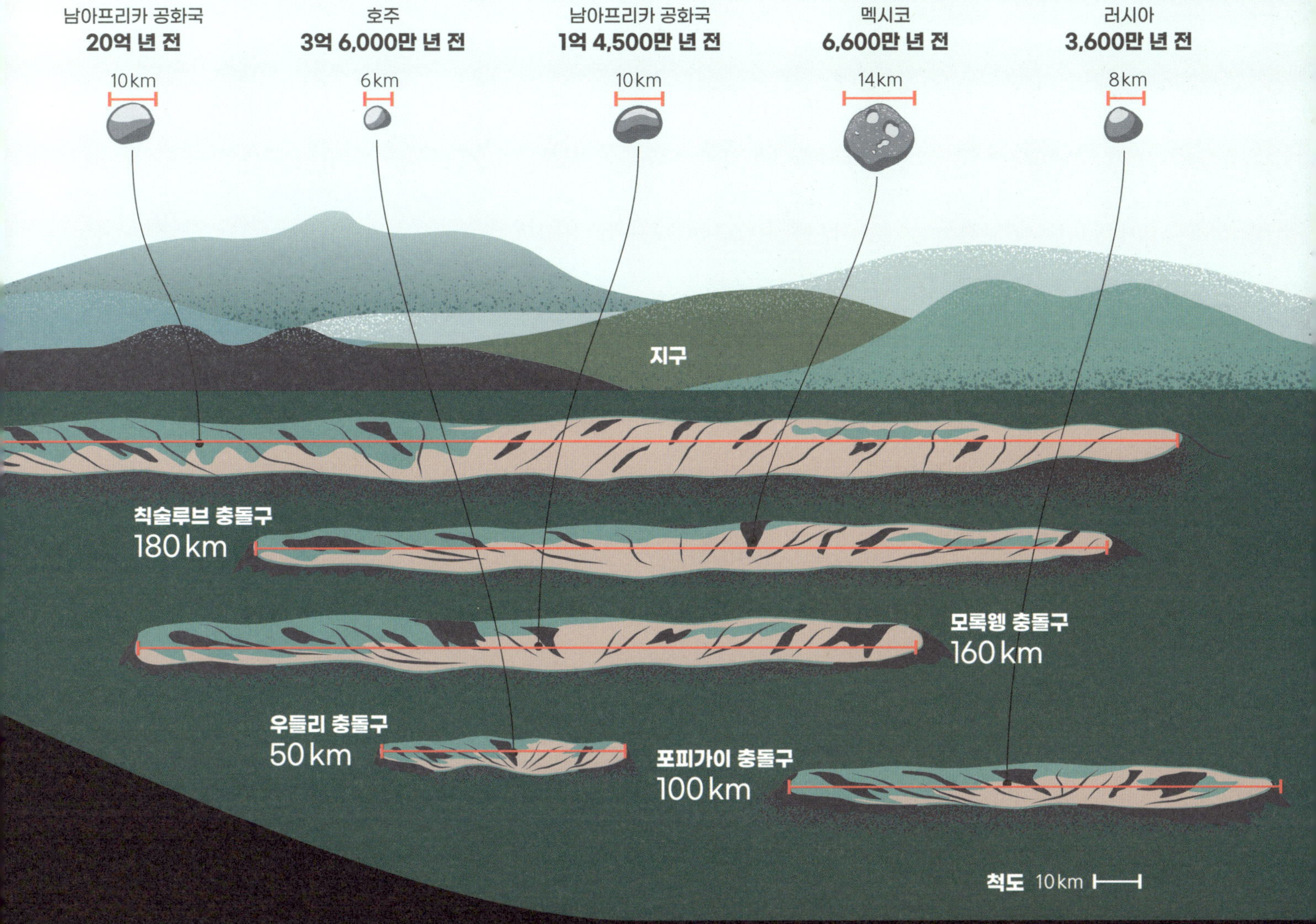

남아프리카 공화국	호주	남아프리카 공화국	멕시코	러시아
20억 년 전	3억 6,000만 년 전	1억 4,500만 년 전	6,600만 년 전	3,600만 년 전
10km	6km	10km	14km	8km

지구

- 칙술루브 충돌구 180 km
- 모록웽 충돌구 160 km
- 우들리 충돌구 50 km
- 포피가이 충돌구 100 km

척도 10km

그림 보는 방법

각 혜성의 지름은 실제 크기에 비례한다. 꼬리의 길이는 밤하늘에 늘어져 있는 각도로 측정한다(1도는 보름달 약 두 개를 연달아 놓은 크기에 해당한다). 혜성의 색깔은 지구에서 봤을 때 혜성이 얼마나 밝았는지를 나타낸다(옅은 색일수록 밝은 혜성이다).

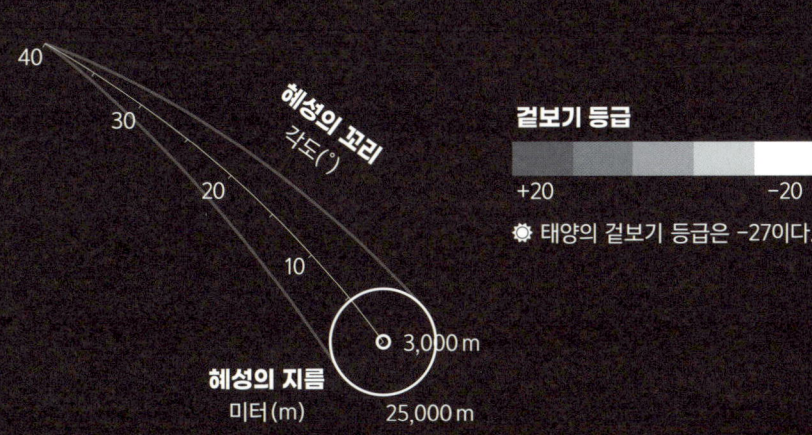

혜성의 꼬리 각도(°)

겉보기 등급
+20 ─ -20

☉ 태양의 겉보기 등급은 -27이다.

혜성의 지름 미터(m)
3,000 m
25,000 m

태양계의 가장 큰 소행성

지름 킬로미터(km)

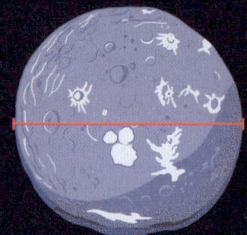

케레스
939 km

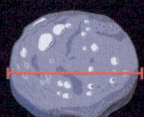

4 베스타
525 km

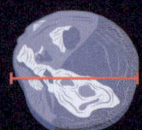

2 팔라스
513 km

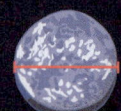

10 히기에이아
407 km

척도
영국(남북 길이)
965 km

*한반도의 길이는 약 1,000 km예요.

케레스는 소행성대에서 가장 큰 천체다. 이 천체도 명왕성과 마찬가지로 왜행성으로 분류된다. 케레스 지표 위의 밝은 점은 소금물이 우주로 증발하고 남은 소금층으로 알려져 있다.

엄청나게 큰 소행성

태양계에는 110만 개 이상의 큰 소행성이 있다. 대부분은 화성과 목성 사이의 소행성대에 자리잡고 있다. 소행성은 보통 행성을 만들고 남은 암석과 금속, 그 외의 다른 물질로 만들어진다. 큰 바위 크기밖에 안 되는 것도 있는 반면, 지름이 수백 킬로미터에 달하는 큰 소행성도 있다.

신기한 외계 행성

태양계 밖에서 발견되는 행성을 외계 행성이라고 부른다. 최초의 외계 행성들은 1992년에 발견되었다. 그 후로 5,000개 이상의 외계 행성을 찾았는데 발견 개수는 약 2년마다 두 배씩 증가했다. 외계 행성은 크기가 다양하다. 어떤 것은 지구보다 작다. 또 어떤 것은 목성보다 몇 배 더 크다. 이 인포그래픽에서는 지금까지 발견한 외계 행성을 표시했다.

1x 지구 반지름
프록시마 센타우리 B
지구에서 가장 가까운 외계 행성으로, 프록시마 센타우리의 둘레를 공전한다.

3x 지구 반지름
GJ 1214 B
이 외계 행성에는 땅이 전혀 없을 수도 있다. 표면 전체가 하나의 뜨거운 바다일 수 있기 때문이다.

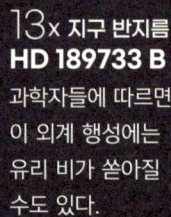

13x 지구 반지름
HD 189733 B
과학자들에 따르면 이 외계 행성에는 유리 비가 쏟아질 수도 있다.

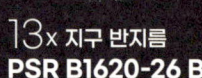

13x 지구 반지름
PSR B1620-26 B
이 외계 행성은 130억 년이 된 것으로 여겨진다. 지구보다 거의 3배나 오래된 것이다.

77x 지구 반지름
HD 100546 B
가장 크다고 알려진 외계 행성으로, 목성보다 6배 이상 크다.

17x 지구 반지름
HAT-P-7 B
이 외계 행성에서는 루비와 사파이어가 비처럼 내릴 수 있다.

15x 지구 반지름
TRES-2 B
이 외계 행성은 석탄보다 새까매서 '어두운 행성'이라고 불리기도 한다. 행성에 도달한 빛 중 1% 미만의 빛만 반사한다.

나를 잊지 말아 줘!

척도   지구   목성
(태양계에서 가장 큰 행성)

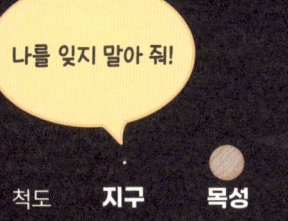

109x 지구 반지름
태양

우주의 종말

우리는 빅뱅부터 줄곧 '관측 가능한 우주'가 팽창해 왔다는 사실을 알고 있다.
대부분의 과학자는 아주 먼 미래의 어느 순간이 되면 우주가 끝날 것이라는 점에 동의한다.
하지만 이 우주의 일대기가 어떻게 끝날지는 잘 알지 못한다. 우주의 종말이 어떻게 일어날지를
예측하는 세 가지 주요 이론이 있다.

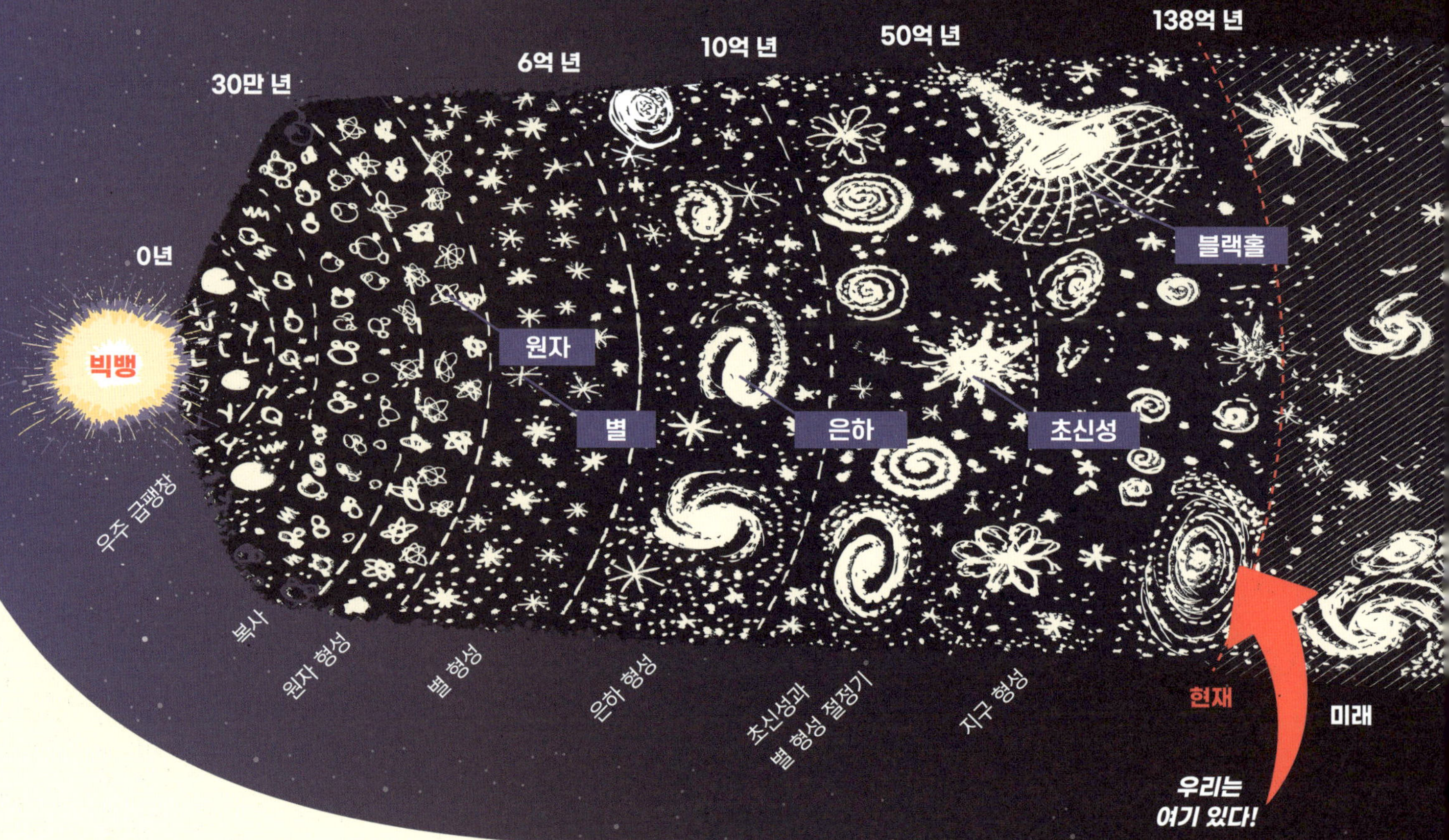

우주는 무엇으로 구성되어 있을까?

밤하늘에서 볼 수 있는 모든 별과 행성, 혜성을 포함해 '관측 가능한 우주'에 있는 모든 것은 원자로 이루어져 있다.
20세기 과학자들은 우리가 관찰할 수 있는 모든 물질과 에너지가 우주 전체 물질의 총 5%밖에 안 된다는 사실을 발견했다.
그렇다면 나머지 95%는 무엇으로 구성되어 있을까? 사실 잘 모른다. 하지만 과학자들은 나머지 물질과 에너지를 설명하는
두 가지 이론을 제시한다. 바로 암흑 물질과 암흑 에너지다.

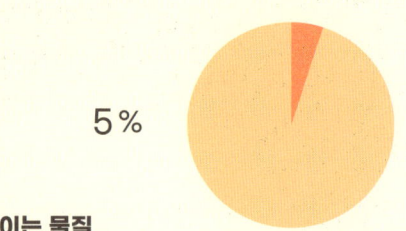

보이는 물질

우리 주위의 우주에서 볼 수 있는 것은 모두 원자로 이루어져 있다. 그건 인간도 마찬가지다. 과학자들은 이 모든 것을 '물질'이라고 부른다. 과학자들의 계산에 따르면 물질은 우주 전체의 질량 중 5%만을 차지하고 있다.

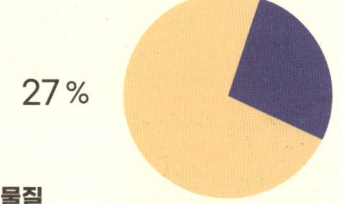

암흑 물질

암흑 물질은 빛을 반사하지도, 흡수하지도 않으며, 눈에 보이지 않는 물질로 구성되어 있다. 과학자들은 암흑 물질의 존재를 믿는다. 은하와 별처럼 우리가 볼 수 있는 물체에 암흑 물질이 미치는 중력 효과를 확인해 왔기 때문이다.

암흑 에너지

중력의 법칙에 따르면 우주가 팽창하는 속도는 점점 느려져야 한다. 하지만 실제로는 빨라지고 있다. 아무도 이런 일이 왜, 어떻게 일어나는지 알지 못한다. 과학자들은 이런 일을 일으키는 수수께끼 같은 힘을 암흑 에너지라고 부른다.

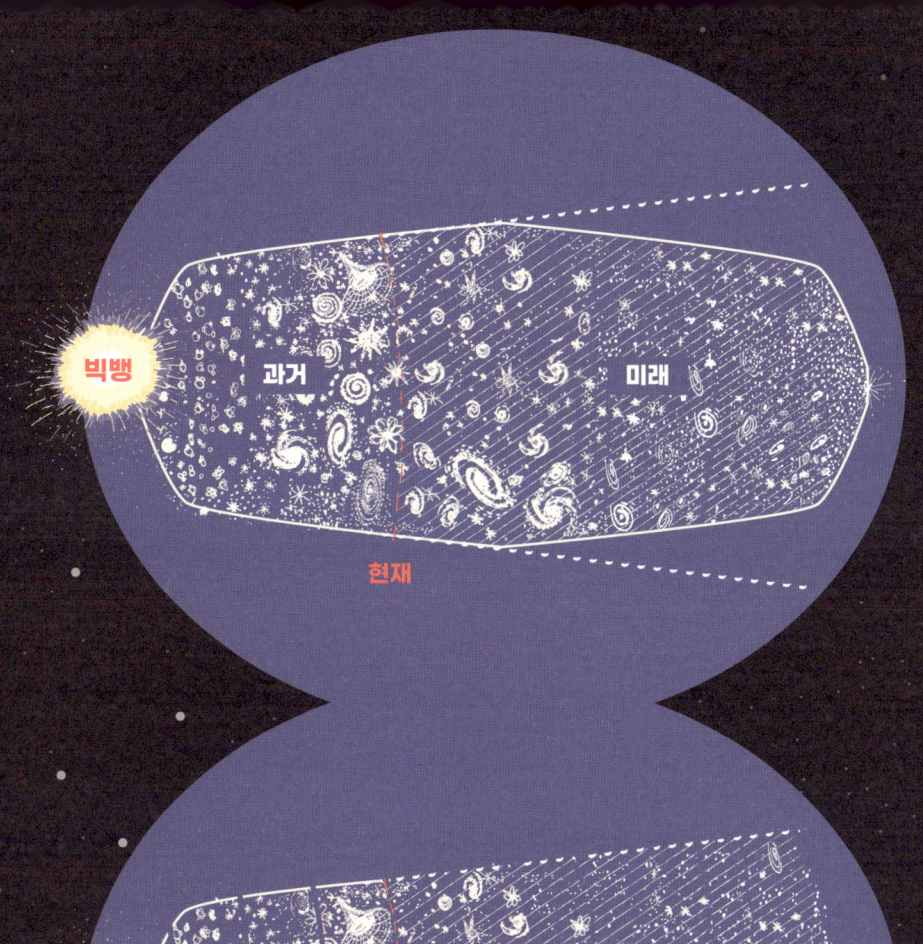

이론 1
빅 크런치
이 이론에서는 우주의 팽창 속도가 느려지다 역전돼 우주의 모든 물질이 다시 하나로 뭉칠 것이라고 말한다.

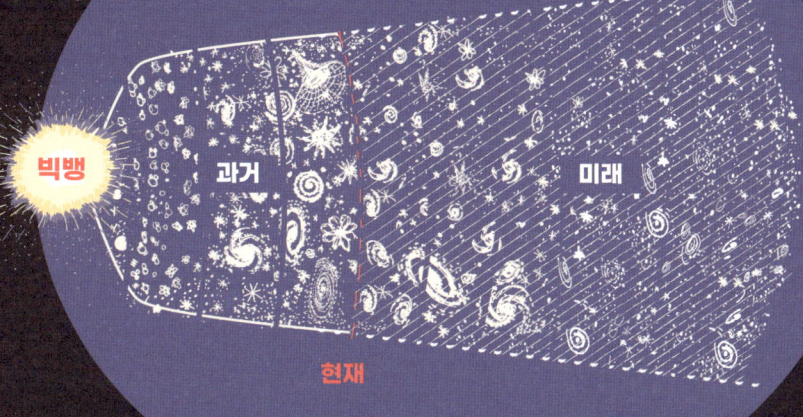

이론 2
빅 프리즈
이 이론에서는 우주가 계속 팽창하다 결국 너무 퍼져 나가 모든 에너지를 잃을 것이라고 말한다. 대부분의 과학자는 '열 죽음'이라고도 알려진 이 빅 프리즈 이론이 가장 가능성 높다고 생각한다.

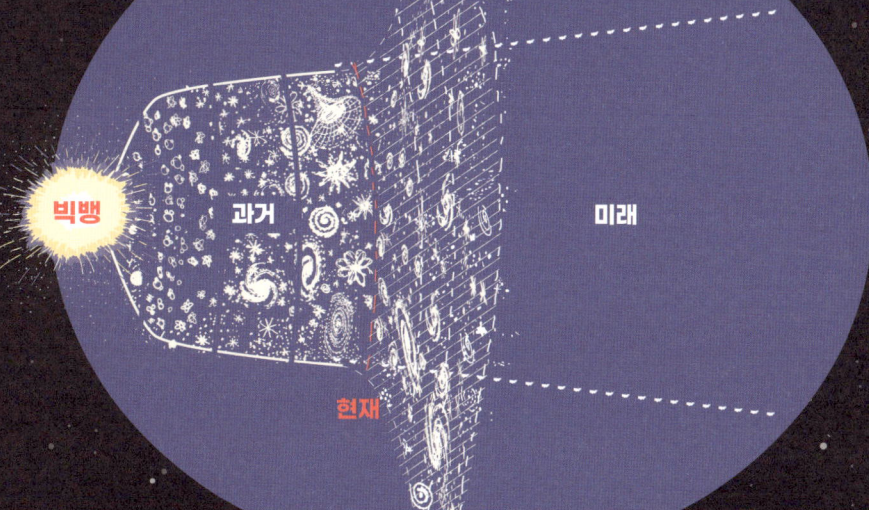

이론 3
빅 립
이 이론에서는 우주 팽창이 가속화되다 결국 너무 빨라져 은하, 별, 행성, 심지어는 원자까지 가리가리 찢어질 것이라고 말한다.

이 책에 도움을 준 전문가
제임스 오도너휴 박사와의 인터뷰
행성 천문학자

언제부터 우주에 대해 공부하고 싶었나요?

어릴 때부터 밤하늘에 떠 있는 달과 별을 올려다보며 우주에서 벌어지는 일을 상상하기를 좋아했어요. 집 책꽂이에 엄청나게 큰 《브리태니커 백과사전》이 꽂혀 있어서 우주와 공룡이 나오는 책장을 넘기며 읽곤 했지요. 이 두 가지 주제가 지구의 오랜 역사와 관련되어 있다는 점도 흥미로워요. 왜냐하면 우주에서 날아온 큰 소행성이 약 6,600만 년 전 공룡을 멸종시켰으니까요.

어떤 일을 하는지 소개해 주세요.

저는 행성 천문학자예요. 그래서 세계 곳곳과 우주에 떠 있는 거대한 망원경을 이용하여 태양계에 있는 행성과 다른 별 주위를 돌고 있는 행성을 관찰하죠. 특히 대행성인 목성과 토성의 대기 온도를 측정해요. 좋아하는 일은 천문대에서 밤을 꼬박 새면서 차를 마시며 목성의 대적점을 지켜보는 일이랍니다.

앞으로 어떤 놀라운 발견을 기대하나요?

2020년대 후반, 유인 달 탐사 임무에서 어떤 결과가 나올지 너무 기대됩니다. 인간이 달 표면 위를 걸으면서 달의 역사를 밝혀낼 표본을 수집할 테니 말이죠. 또 2030년 목성 위성 탐사선 '유로파 클리퍼'와 2031년 목성 얼음 위성 탐사선 '주스'가 목성 위성에서 지구로 전송할 영상도 기대하고 있어요. 그 이후에는 2045년까지 우주선이 천왕성 궤도를 돌면서 그동안 알지 못했던 천왕성에 관한 지식을 알려주기를 바랍니다. 지금까지 천왕성 궤도를 돌아본 우주선은 단 하나도 없었으니까요!

우주에 관한 내용 중 가장 좋아하는 사실은 무엇인가요?

깜짝 놀랄 사실은 '관측 가능한 우주'의 폭이 940억 광년이라는 것이죠. 이 말은 빛이 한쪽 끝에서 다른 쪽 끝까지 이동하는 데 940억 년이 걸린다는 뜻이랍니다. 하지만 이건 단지 우리가 볼 수 있는 우주일 뿐이에요. 우주는 최소 1,500만 배 더 크며 빠르게 팽창하고 있어서 우리는 절대로 우주 전체를 볼 수 없을 거예요.

마무리 퀴즈

앞의 내용을 참고하여 퀴즈를 풀어 보자. (정답: 56쪽)

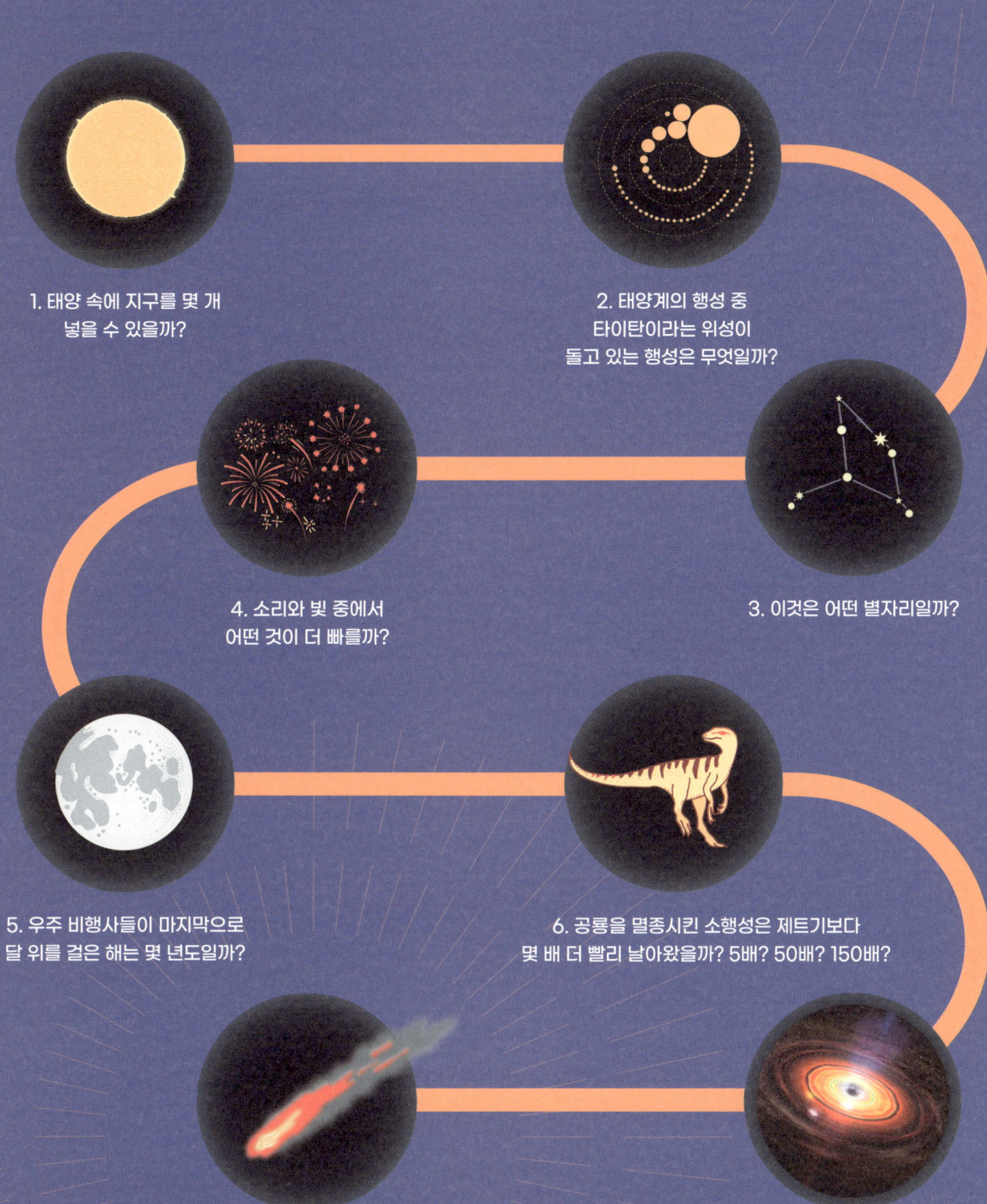

1. 태양 속에 지구를 몇 개 넣을 수 있을까?

2. 태양계의 행성 중 타이탄이라는 위성이 돌고 있는 행성은 무엇일까?

3. 이것은 어떤 별자리일까?

4. 소리와 빛 중에서 어떤 것이 더 빠를까?

5. 우주 비행사들이 마지막으로 달 위를 걸은 해는 몇 년도일까?

6. 공룡을 멸종시킨 소행성은 제트기보다 몇 배 더 빨리 날아왔을까? 5배? 50배? 150배?

7. 은하수 중심에 있는 초대질량 블랙홀의 이름은 무엇일까?

8. 별똥별의 또 다른 이름은 무엇일까?

51

낱말 풀이

거주하다
일정한 곳에 머물러 살다.

겉보기 등급
거리에 상관없이 우리 눈에 보이는 별의 밝기를 기준으로 나눈 등급.

관측
사람의 감각 기관이나 과학 기구 등을 사용하여 자연 현상의 상태와 변화를 정확하고 세밀하게 관찰하는 활동.

국수 효과
어떤 물체나 사람이 매우 강력한 중력으로 인해 늘어나서 국수 또는 스파게티처럼 길고 가느다란 모양이 되는 현상.

궤도
우주의 천체가 중력에 의해 더 큰 천체의 주위를 돌 때의 운동 경로.

귀환하다
다른 곳으로 떠나 있던 사람이 본래 있던 곳으로 돌아오거나 돌아가다.

나선팔
은하의 중심에서 소용돌이 모양으로 뻗어 나오는 두 갈래 혹은 그 이상의 팔 모양의 부분.

대기
천체를 둘러싸고 있는 기체층. 지구의 대기는 질소와 산소가 높은 비중으로 구성되어 있다.

대양
세계의 해양 가운데 특히 넓은 해역을 차지하는 대규모의 바다.

멸종하다
생물의 한 종류가 지구에서 사라지다.

밀도
무엇이 빽빽이 들어선 정도.

빅뱅
초기 우주의 대폭발.

사건의 지평선
블랙홀과 바깥 세계의 경계선. 어떤 지점에서 일어난 사건이 어느 영역 바깥쪽에 있는 관측자에게 아무리 오랜 시간이 걸려도 아무런 영향을 미치지 못할 때, 그 시공간의 영역의 경계를 일컫는다.

성운
먼지, 수소, 헬륨 및 기타 이온화된 가스로 이루어진 성간 구름.

소진
점점 줄어들어 다 없어짐. 또는 다 써서 없앰.

안드로메다은하
안드로메다자리에 있는 소용돌이 모양의 외부 은하. 북쪽하늘에서 맨눈으로 볼 수 있다.

왜행성
태양계를 도는 천체. 왜행성은 태양 주위를 돌고, 중력을 유지할 수 있을 만한 질량을 가지며, 다른 행성의 위성이 아니라는 특성이 있다. 명왕성이나 케레스 등이 이에 속한다.

웜홀
우주에서 먼 거리를 가로질러 지름길로 여행할 수 있다고 하는 구멍이나 통로. '사과를 관통하는 벌레 구멍을 통해서 반대편까지 더 빨리 갈 수 있다'는 비유에서 나온 용어이다.

유인원
포유류 영장목 사람상과에 속하는 동물을 통틀어 부르는 말. 사람을 포함해 오랑우탄, 고릴라, 침팬지, 긴팔원숭이과 동물이 해당된다.

음속
소리의 속력.

주계열성
별이 태어나서 내부의 핵이 융합하여 헬륨과 에너지를 만들어 내는 시기. 별의 일생에서 가장 긴 시간을 차지한다.

중력
질량이 있는 물체가 서로 당기는 힘.

진화
지구상의 생물들이 살아가면서 환경에 적응하고 발전해 가는 과정.

착수하다
어떤 일을 시작하다.

천문학자
우주 전체에 관한 연구 및 우주 안에 있는 여러 천체에 관한 연구를 하는 사람.

체류하다
다른 곳에 가서 머물러 있다.

축
물체가 회전 운동을 할 때 그 물체의 중심이 된다고 보는 선.

침식되다
외부의 영향으로 범위 따위가 점점 깎이거나 줄어들다.

탐사선
우주 공간에서 지구나 다른 행성들을 탐사하기 위해 쏘아 올린 비행 물체.

태양 복사
태양에서 뿜어져 나오는 빛에 의해 지구로 곧바로 전달되는 태양 에너지.

태양풍
태양에서 불어오는 바람. 태양플라스마라고도 한다. 태양풍은 태양 활동이 활발할수록 더 강하게 일어난다.

특이점
부피가 0이고 밀도가 무한대가 되어 블랙홀이 되는 이론적인 점.

팽창하다
부풀어서 부피가 커지다.

찾아보기

가가린, 유리 28
가니메데 17
가스 9, 10, 30, 31
가장 빠른 항공기 34
개기식 24, 25
거대 기체 행성 11
거대 얼음 행성 11
곤충 7
골디락스 존 12, 13
공룡 7, 43
광구 30
구소련 26, 27, 28
9월의 대혜성 42
국부운하군 9
국수 효과 40
궁수자리 A별 46
그믐달 21
극대거성 37
근지점 19
금 38
금성 10, 11, 12, 13, 16, 18
   온도 12
   태양으로부터의 거리 13
금속 30
기울어 가는 달 21
꽃 7
나사
   달 탐사 임무 26, 27
   아르테미스 임무 27
   아폴로 임무 26
   파커 태양 탐사선 34
나트륨 38
남반구 23
남십자자리 23
단세포 생물 7
달 16, 18, 19
   궤도 19
   달과 조수 21
   식 24, 25
   달에 간 사람들 26, 27
   달 탐사 임무 26, 27
   뒷면 20
   위상 20, 21
대기 7
   태양계의 대기 12
대류층 30

대륙 7
대양 21
데이모스 16
동물 7
레아 17
루비 47
망원경 8, 20
맥노트 42
머스크, 일론 29
먼지 10, 31, 42
명왕성 10, 42, 45
모록웽 충돌구 43
목성 11, 17, 18, 45, 46, 47
   외계 행성의 크기 46, 47
   온도 12
   위성 17
   태양으로부터의 거리 13
무거운 별 31
무카이, 치아키 29
물 13
물질 6, 40, 48
   암흑 물질 48
바다 21
바다뱀자리 23
반그림자 25
방패자리 UY 37
백색 왜성 31, 39
백조자리 22
번갯불 35
벌레 7
베조스, 제프 29
별 6, 9, 48
   무거운 별 39
   방패자리 UY 37
   백색 왜성 39
   별 보육원 33
   별 지도 그리기 23
   별 지도책 23
   빅립 49
   원소 38, 39
   저질량 별 39
   폭발 39
   프록시마 센타우리 35, 46
   항성 블랙홀 40
별자리 22, 23
보름달 20

보슈이젠, 크리스 29
복사 15, 40, 48
복사층 30
본그림자 25
북반구 22
불꽃놀이 35
브레데포트 충돌구 42
블랙홀 40, 41, 48
   종류 40
   어떻게 찾나 41
   우주선이 블랙홀로 들어가면 무슨 일이 벌어질까 40
블루 오리진 29
빅 립 49
빅뱅 6, 7, 48
   블랙홀 40
   원소의 생성 38, 39
빅 크런치 49
빅 프리즈 49
빛
   광년 8, 9
   빛의 속도 34, 35
   빛 vs 소리 35
사건의 지평선 40
사람
   우주로 나간 최초의 사람 28
   우주 비행사의 수 29
사파이어 47
삭월 20, 21
산소 7, 38, 39
상현달 20
새 7
생명체 거주 가능 영역 13
생물
   단세포 생물 7
   복잡한 생물 7
서넌, 유진 27
성운 31, 33
셰익스피어, 윌리엄 17
소금물 45
소리 vs 빛 35
소행성 8, 10, 42, 43, 44, 45
   위성 16, 17
   지구 역사상 가장 큰 충돌 43
   태양계의 가장 큰 소행성 44
소행성대 11, 45

수성 10, 18
   온도 12
   크기 12
   태양으로부터의 거리 13
수소 6, 30, 31, 38, 39
스피카 23
식 24, 25
식물 7
씨앗 7
아르테미스 임무 27
아리엘 17
아폴로 임무 26, 27
   아폴로 26
안드로메다은하 9, 35
암석 42
암스트롱, 닐 26, 28
암흑 물질 48
암흑 에너지 48
양서류 7
어두운 행성 47
어류 7
에너지 48
엔셀라두스 17
여성
   우주에 간 최초의 여성 28
열 죽음 49
오니즈카, 엘리슨 S. 28
오르트 구름 42
오리온자리 22
오베론 17
온도
   태양 핵의 온도 30
   행성의 온도 12, 13
올드린, 버즈 28
왜행성 8, 10
   명왕성 10, 16, 45
   위성 16
   케레스 45
외계 행성 46, 47
우들리 충돌구 43
우주 관광객 29
우주 급팽창 48
우주 달력 7
우주 지도 8, 9
우주 탐사선 20
   가장 빠른 우주 탐사선 34

우주
  구성 48
  빅뱅 6, 7
  우리는 우주 어디에 있을까 8, 9
  우주에서 가장 빠른 것 34, 35
  종말 48, 49
  팽창 48, 49
  팽창 속도 48
우주 비행사
  성별 29
  우주로 나간 최초의 사람 28
운석 42
움브리엘 17
원소 6, 38, 39
원자 48
  빅 립 49
원지점 19
월식 20, 25
웜홀 40
위성 8, 10, 16, 17
유로파 17
유리 비 46
유성 42
유성체 42
유인원 7
은하 48
  빅 립 49
  안드로메다 29
  우리은하 7, 8, 9, 12, 34, 35, 37, 40
  가장 가까운 은하 35
  관측 가능한 우주 안에서의 위치 8, 9
  방패자리 UY 37
  우리은하 안에 생명체가 거주 가능한 행성 12
  초대질량 블랙홀 40
  형성 7
이아페투스 17
이오 17
이케야-세키 42
인간
  달에 간 인간 26, 27
  우주로 나간 인간 28, 29
  인체 내 원소 38, 39
  진화 7

일식 24, 25
자기권 15
자기장 15
적색 거성 31
적색 초거성 31
제임스 웹 우주 망원경 33
조수와 달 21
주계열성 31
중력 21
  달 21
  블랙홀과 중력 40, 41
  암흑 물질과 중력 48
  엔셀라두스의 중력 17
중성자별 31
지구 8, 10, 12, 13
  가장 큰 소행성 충돌 43
  온도 12, 13
  조수 21
  주요 발생 7
  태양 빛이 도달하는 데 걸리는 시간 35
  태양으로부터의 거리 13
  태양으로부터의 보호 15
  태양과의 크기 비교 37
  형성 7, 48
진공 속의 빛 34
질소 38, 39
차오르는 달 20
창어 1호 26
채층 30
챌린저 우주 왕복선 28
처녀자리 23
천왕성 11, 19
  온도 13
  위성 17
  태양으로부터의 거리 13
철 38, 39
초거성 31, 37
초대질량블랙홀 40
초승달 20
초신성 31, 39, 48
축 10
충돌구 43
칙술루브 충돌구 43
카시오페이아자리 22
카이퍼벨트 42

칼슘 38
케레스 44, 45
코로나 30
콜린스, 마이클 28
타이탄 17
탄소 38
태양 8, 10, 11, 20, 21
  방패자리 UY와의 크기 비교 37
  빛이 우리은하에 도달하는 데 걸리는 시간 35
  식 24, 25
  태양과 달 20
  태양과 조수 21
  태양부터 지구까지의 거리 13
  태양으로부터의 지구 보호 15
  태양의 온도 12
  혜성 42
태양계 7, 8, 10, 11
  구성 42
  우주에서의 속도 34
  태양계 안의 위성 16
태양풍 15
테레시코바, 발렌티나 28
토성 11, 19
  온도 13
  위성 17
  태양으로부터의 거리 13
트리톤 16
특이점 6, 40
티타니아 17
파커 태양 탐사선 34
포보스 16
포유류 7
포피가이 충돌구 43
폴랴코프, 발레리 28
프록시마 센타우리 35, 46
프록시마 센타우리B 46
하현달 21
항성 블랙홀 40
해왕성 11, 19
  온도 13
  위성 16
  태양 빛이 도달하는 데 걸리는 시간 35
  태양으로부터의 거리 13
핵 30

핵 반응 30
핼리 혜성 42
행성 모양의 성운 31
행성 6, 8, 10, 11
  거주 가능 행성 12
  구성 48
  금성 10, 11, 12, 13, 18
  목성 11, 12, 13, 17, 18, 46, 47
  빅 립 49
  수성 10, 12, 13, 18
  온도 12
  왜행성 10, 16, 42, 45
  외계 행성 46, 47
  위성 8, 10, 16, 17
  천왕성 11, 13, 17, 19
  토성 11, 13, 17, 19
  해왕성 11, 13, 16, 19, 35
  화성 10, 12, 13, 16, 18
헤일-밥 42
헬륨 6, 30
혜성 8, 10, 42, 43, 48
호수 21
화성 10, 18
  온도 12
  위성 16
황색 왜성 31
흑색 왜성 31

자료 출처

모든 것의 연대표 6~7쪽
Dates compiled mainly from the following sources: cosmiccalendar.net; 'Timeline: the evolution of life', newscientist.com; 'The cosmic timeline', scienceabc.com; 'Gaia', esa.int [Date of the Milky Way]

우리는 우주 어디에 있을까? 8~9쪽
'The Milky Way galaxy', imagine.gsfc.nasa.gov; 'Universe', britannica.com. [Note that the galaxies illustrated at the bottom are 'zoomed in'. In reality, at this scale, each galaxy would be only a minuscule dot!]

태양계에 오신 것을 환영합니다 10~11쪽
[Note that planets Saturn and Jupiter measure signifcantly wider across the middle instead of being perfect spheres, as represented in the illustrations.] 'Planet compare', solarsystem.nasa.gov; 'Planets', solarsystem.nasa.gov; 'Solar system', britannica.com; 'Mercury, planet', britannica.com; 'Venus, planet', britannica.com; 'Mars, planet', britannica.com; 'Jupiter, planet', britannica.com; 'Saturn, planet', britannica.com; 'Uranus, planet', britannica.com; Neptune, planet', britannica.com

지구는 왜 이리 특별할까? 12~13쪽
'The planet Mercury', weather.gov; 'The planet Venus', weather.gov; 'The planet Earth', weather.gov; 'The planet Mars', weather.gov; 'The planet Jupiter', weather.gov; 'The planet Saturn', weather.gov; 'The planet Uranus', weather.gov; 'The planet Neptune', weather. gov; 'Planetary fact sheet - metric', nssdc.gsfc.nasa.gov; 'Habitable zone', britannica.com; 'Kepler occurrence rate', nasa.gov

태양으로부터 지구를 보호해 주는 것은 무엇일까? 14~15쪽
'Magnetosphere', britannica.com

태양계 행성은 몇 개의 위성을 가지고 있을까? 16~17쪽
'Moons', solarsystem.nasa.gov; 'Jupiter, planet', britannica.com; 'Saturn, planet', britannica.com; [Note that on Jupiter and Saturn, not all moons are shown in the graphics because the data is not yet available on their size and distance from the planets.]

달은 얼마나 멀리 떨어져 있을까? 18~19쪽
[Inspired by an illustration by Dr James O'Donoghue.] 'How far away is the Moon?', spaceplace.nasa.gov; 'Moon in motion', moon.nasa.gov; 'Moon', britannica.com

달의 위상 20~21쪽
'Moon in motion', moon.nasa.gov; 'Moon', britannica.com

별 지도 그리기 22~23쪽
'Constellation', britannica.com; 'Meet Libra the scales, a zodiacal constellation', earthsky.org

식이란 무엇일까? 24~25쪽
'Our Sun', solarsystem.nasa.gov; 'The frequency of solar and lunar eclipses', britannica.com; 'How do you tell the diference between total, annular, solar, and lunar eclipses?', britannica.com; 'Eclipses', moon.nasa.gov

나를 달로 보내 주오 26~27쪽
[Note that the infographic shows a selection of future missions, but not all. For a full list of future missions, see: https://nssdc.gsfc.nasa.gov/planetary/upcoming.html.] 'Moon missions,' moon.nasa.gov; 'Missions to the Moon', planetary.org

우주로 나간 사람들 28~29쪽
[Note that this infographic shows the first time an astronaut has been in space chronologically, so does not display repeat visits.] 'Chronological order of all FAI first flights', worldspaceflight.com; 'Women astronauts and the International Space Station', nasa.gov

태양은 무엇인가? 30~31쪽
'Sun', britannica.com; 'How big is the Sun?', nineplanets.org; 'How much has the size of the Sun changed in the last few billion years?', image.gsfc.nasa.gov; 'White dwarf star', britannica.com; 'What is the Sun?', Brau, 2016, pages.uoregon.edu; 'Layers of the Sun', nasa.gov

별이 탄생하는 요람 32~33쪽
'NASA's Webb reveals cosmic cliffs, glittering landscape of star birth', nasa.gov; 'Nebula', britannica.com; 'Light year', britannica.com

우주에서 가장 빠른 것 34~35쪽
'Fastest aircraft, rocket-powered', guinnessworldrecords.com; 'Parker Space Probe', blogs.nasa.gov [Note that the Parker Space Probe figure that appears on the page is a conversion of the estimated speed (430,000 mph) that the space probe will attain in 2024.]; 'Our Sun', solarsystem.nasa.gov; 'Speed of light', britannica.com; 'Neptune, planet', britannica.com; 'Proxima Centauri, closest star to our sun', earthsky.org/ astronomy-essentials; 'The galaxy next door', nasa.gov; 'Speed of sound calculator', weather.gov; 'Sound, physics', britannica.com

태양보다 훨씬 큰 별 36~37쪽
[Inspired by Philip Park's illustration of the approximate size of UY Scuti compared to the Sun, see en.wikipedia.org.] 'Our Sun', solarsystem.nasa.gov; 'UY Scuti', star-facts.com

우리는 별로 이루어졌다 38~39쪽
'The chemistry of life: the human body', livescience.com; 'The origin of the solar system elements', blog.sdss.org; 'The early universe', home.cern; 'Populating the periodic table: Nucleosynthesis of the elements', Johnson, 2019, pubmed.ncbi.nlm.nih.gov

블랙홀의 어마어마한 힘 40~41쪽
'Black hole', britannica.com; 'What are black holes?', nasa.gov; Cosmos: The Infographic Book of Space by Stuart Lowe and Chris North (Aurum Press, 2015); 'What would happen if you got sucked into a black hole?', newscientist.com

외계에서 온 암석 42~43쪽
'Comet Hale-Bopp', jpl.nasa.gov; 'Halley's comet', britannica.com; '955 years ago:Halley's comet and the Battle of Hastings', nasa.gov; 'Asteroid impacts: 10 biggest known hits', nationalgeographic.com; 'Vredefort crater', earthobservatory.nasa.gov; 'Sediment swirls of the Yucatán', earthobservatory.nasa.gov; 'Morokweng crater', daviddarling.info; 'Meteorite impacts and craters', dmp.wa.gov.au; 'How an asteroid ended the age of the dinosaurs', nhm.ac.uk

엄청나게 큰 소행성 44~45쪽
'Asteroids', solarsystem.nasa.gov; 'Asteroid', britannica.com; 'Ceres, dwarf planet', britannica.com

신기한 외계 행성 46~47쪽
'All discoveries', exoplanets.nasa.gov; 'Jupiter', solarsystem.nasa.gov

우주의 종말 48~49쪽
'Dark energy', britannica.com; 'Dark matter', britannica.com; 'Big crunch', kids.britannica.com; 'A big freeze, rip or crunch: how will the universe end?', wired.co.uk; Seven Brief Lessons on Physics by Carlo Rovelli (Penguin, 2016)

사진과 이미지 출처
(t = top, l = left, r = right, c = centre, b = bottom)
pp.8~9 Adapted from illustration that appeared D'Efilippo, Valentina and Ball, James, The Infographic History of the World (HarperCollins, 2013); pp.14~15 NASA/SOHO; p.20br NASA/Goddard/Arizona State University; pp.22~23 Constellation maps by Mark Ruffle, background photograph ChaNaWiT/Getty Images; pp.26~27 Infographic adapted from the graphic 'Missions to the Moon' by Valentina D'Efilippo, Science Focus, July 2019; p.27t National Space Science Data Center, NASA's Goddard Space Flight Center; pp.32~33 NASA, ESA, CSA, and STScI; p.40br NASA/ESA; pp.44~45 NASA/JPL-Caltech/UCLA/MPS/DLR/IDA; pp.48~49 Timeline adapted from illustration that appeared D'Efilippo, Valentina and Ball, James, The Infographic History of the World (HarperCollins, 2013); p.50 Courtesy of Fabien Sena.

마무리 퀴즈 정답
1. 1,300,000개 **2.** 토성 **3.** 독수리자리 **4.** 빛이 더 빠르다. **5.** 1972년 **6.** 150배 **7.** 궁수자리 A별 **8.** 유성

발렌티나 데필리포(Valentina D'Efilippo)는 유명한 디자이너이자 일러스트레이터로,
디자인과 데이터 아트 등 다양한 분야에서 많은 상을 받았습니다.
2021년에 인포그래픽에 대한 테드엑스(Tedx) 강연을 열고, 가디언지(The Guardian)와 함께
인포그래픽을 활용한 시각적 스토리텔링을 주제로 워크숍을 기획·개최했습니다.
《브리태니커 인포그래픽 백과》는 발렌티나의 첫 번째 어린이책이며,
이전에 공동 저자로 참여한 《인포그래픽 세계사》는 11개의 언어로 번역되어 판매되었습니다.

앤드루 페티(Andrew Pettie)는 작가, 편집자이자 저널리스트로,
영국의 타임스(The Times), 선데이 타임스(The Sunday Times), 데일리 텔레그래프(Daily Telegraph) 등에
많은 칼럼을 기고하였습니다. 현재 〈Britannica Magazine〉에서 기획 및 편집을 담당하고 있습니다.
펴낸 책으로는 브리태니커(Britannica Books)에서 출판한 《Listified》 등이 있습니다.

콘래드 퀼티-하퍼(Conrad Quilty-Harper)는 영국 런던의 블룸버그 뉴스의 기자로,
그 전에는 GQ 매거진(British GQ), 데일리 미러(Daily Mirror), 데일리 텔레그래프(Daily Telegraph) 등에서
기자로 활발히 활동하였습니다. 기사와 칼럼을 작성할 때 데이터와 인포그래픽을 즐겨 사용하며,
그중에서도 데이터의 흐름을 시각화하여 보여 주는 생키 다이어그램(Sankey Diagram)을 가장 좋아합니다.

제임스 오도너휴(James O'Donoghue) 박사는 거대 행성, 특히 목성, 토성 및 외계 행성의 지상 천문학을
전문으로 연구하는 행성 과학자입니다. 여가 시간에는 태양계와 태양계 너머 우주의 규모와 메커니즘을
설명하는 동영상을 제작합니다. 2021년 유로플래닛 소사이어티 대중 참여상을 수상했습니다.

BRITANNICA
BOOKS

브리태니커 인포그래픽 백과
광활한 우주

2024년 3월 15일 인쇄 | 2024년 3월 20일 펴냄
인포그래픽 발렌티나 데필리포 | **글** 앤드루 페티, 콘래드 퀼티-하퍼 | **옮김** 서울셀렉션
펴낸이 안은자 | **기획·편집·디자인** 기탄교육연구소
펴낸곳 ㈜기탄출판 | **등록** 제2017-000114호
주소 06698 서울특별시 서초구 효령로 40 기탄출판센터
전화 (02)586-1007 | **팩스** (02)586-2337 | **홈페이지** www.gitan.co.kr
ISBN 979-11-6646-303-7, 979-11-6646-302-0(세트)

※ 잘못된 책은 구입처에서 교환해 드립니다.
⚠ 책 모서리에 다칠 수 있으니 주의하시기 바랍니다. 부주의로 인한 사고의 경우 책임을 지지 않습니다.

Britannica's ENCYCLOPEDIA INFOGRAPHICA_Time & Space
Text © 2023 What on Earth Publishing Ltd. and Britannica, Inc.
Infographics © 2023 Valentina D'Efilippo
First published 2023 by What on Earth Publishing Ltd. and Britannica, Inc.
© 2023 What on Earth Publishing Ltd. and Britannica, Inc.
Korean translation © 2024 Gitan Publications Co., Ltd.
All rights reserved.

This edition is published by arrangement with What on Earth Publishing Ltd. and
Britannica, Inc. through KidsMind Agency, Korea.

이 책의 한국어판 저작권은 키즈마인드 에이전시를 통해 What on Earth Publishing Ltd.와 Britannica, Inc.과 독점 계약한 ㈜기탄출판에 있습니다.
신저작권법에 의해 한국 내에서 보호를 받는 저작물이므로 무단 전재와 복제를 금합니다.

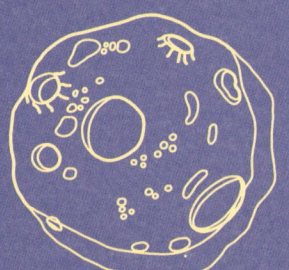  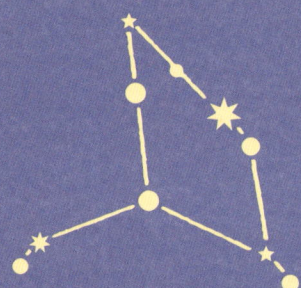